U0045817

江間有沙 著

陳識中 譯

超圖解

AI與未來社會

**建立數位時代的科技素養，
強化邏輯力 × 創造力 × 思考力**

前　言

　　所謂的常識，只不過是人們在18歲前累積的各種偏見。

　　這是知名物理學家亞爾伯特‧愛因斯坦的名言。

　　受到出生環境和所受教育的影響，我們大多數人的潛意識中都存在著某種特定的價值觀。本書的主題雖然是人工技術（AI），但同時也嘗試透過AI這面透鏡，重新審視現代社會中存在於我們心中的偏見，以及生活和工作的型態。

　　早在2020年爆發的新冠病毒大流行改變我們的工作型態前，我們社會的價值觀和國際政治、經濟勢力地圖就已在緩緩地發生轉變。如今我們的社會正面臨著必須大聲疾呼「攜手合作」的巨大分裂。自己心目中的「理所當然」在他人眼中無法理解，這件事正在成為一種「理所當然」。

　　正如溫水煮青蛙，緩慢的改變往往難以察覺。在這樣的環境中，知識將是最重要的力量。對於當今世上有哪些事正在發生，全球又在討論何種價值觀，本書也做了一些最基本的整理。

　　同時，許多AI相關的技術和環境門檻都變得比以前更低，任何人都能使用和學習。

　　換言之，我們之中的任何一個人都可能成為AI的使用者或開發者。而為了不被科技玩弄，了解這個科技能做什麼、不能做什麼十分重要。

　　正如人類會因出生環境和所受教育而存在特定的價值觀，AI其實也一樣。本書將介紹AI是如何在與社會的交互作用下被開發和利用的。AI一方面是解決社會問題的工具，但另一方面也是讓問題變得更複雜的雙面刃。

　　AI正在不知不覺中融入我們的社會和生活。也許有些讀者堅信自己永遠都不會去使用什麼AI，然而，在行政、醫療、交通系統等層面，專家們早已引進包含AI在內的各種新科技，身為公民和消費者的我們，也正享受著這些科技的恩惠。而下一個階段將是認知的階段。

　　認識、覺察這些科技後，再來就是談論。筆者由衷期盼本書能為讀者帶來新的知識和覺察，進而帶動更多人向身邊的人談論這些新知。

※ 本書內容為 2021 年 3 月 31 日為止的資訊。

第 1 章

未來不只一種

在思考人工智慧（AI）與社會時，
我們想要的究竟是一個便利的社會、有效率的社會，
還是環境友善的社會呢？
本章要探討圍繞著AI與我們社會的價值觀、地理性，
以及歷史多元性。

思考明天的社會

～各自的職務～

保護者

用創造性的角度思考
基本人權和人類社會
重視的價值，並加以
守護。

創新者

為了建立更美好的社
會，持續創造新的技
術、社會制度和價
值。

整合者

納入不同種類的多元
價值，將論點視覺
化，並加以整合，創
造新的價值。

　　10年前，你腦中想像的現代社會是什麼樣子的呢？我們每個人所看到的社會都是片段的，而未來社會需要的，不是只從一個點來觀察，而是能後退一步看到點與點之間的連線，或是自己畫線看到整個平面的人才。

　　上圖出現的職業，都是一人能同時飾演多角的職務。有些可以由AI來負責，也有些是由AI和人類同心協力。在生活和工作型態不斷變化的過程中，決定未來要朝哪個方向前進的，乃是我們自己。

AI帶來的價值交換

AI可實現的社會類型有很多種,
而且AI也會影響根植於社會底下被我們重視的價值和思想。
可以說AI雖然有很多好處,但也會帶來其他問題,
需要付出代價(trade off,難以兩全其美的關係)。

■ **便利的社會**
生活必需品皆可客製化,並提前預測你想要什麼。

■ **侵害隱私、助推社會**
個人的興趣、喜好都被看光光,甚至被引導。

■ **安心社會**
即便在物理上相隔遙遠,仍可透過虛擬手段隨時跟親朋好友聯繫。

■ **依賴社會**
只要一離開網路就會惶惶不安,依賴他人或虛擬的存在。

■ **環境友善社會**
為了提高能源利用效率,對人類生活和行為進行最佳化調整。

■ **管理社會**
除了每個人的移動和行動都被掌握,還會引導人們採取更環保的行動。

- **安全社會**

  用安全網防止意外、事故及犯罪的發生。

- **監視社會**

  人們的思考和活動都被提前預測,事前預
  防異常行動出現。

- **效率社會**

  服務業由機器接管,進行無人化／少人化以降低成
  本。

- **孤獨社會**

  雖然可以享受非常周到的服務,但人與人間的對話和
  互動減少。

- **多元化社會**

  藉著資訊的流通,即使是小眾的興趣或嗜
  好也能輕鬆找到社群。

- **同質化社會**

  人們都只跟相同興趣和嗜好的社群交流,
  不接觸其他價值觀。

要發揮AI的好處,
必須有思考的轉換
或發生技術、制度
的革新呢。

就算有不好的一
面或代價,不要
讓人們注意到不
就行了?

那樣不能解決
問題,只會引
起其他問題而
已。

人與AI的關係

人與機器的關係有很多種。
能快速運算的機器雖然很聰明，但充其量只是工具。
用來與人交流的機器通常有擬人化的傾向。
而用來創造舒適空間的機器，則會讓人想要住在機器裡面。
對你而言，AI是什麼樣的存在呢？

支援：人與機器分工合作
── 機器輔助人完成人的工作

隨著AI的認知、預測、對話等能力的精準度提高，許多原本完全由人類執行的工作變得愈來愈有效率。譬如不良品的檢測和醫療診斷等工作，就可以由機器來發現問題並報告給人類。

此外，也有些工作改成由人類設定預約，交給機器在適當的時機或日期自動執行。譬如股票交易，因為AI的下單速度比人力更快，所以現在愈來愈多人利用AI來做自動交易。

環境：機器中的人類
── 人創造供人類活動的舒適環境

例如在建築物或整座城市裝滿偵測器，由AI預測、學習什麼樣的居住環境最舒適，並自動調整，或是從手機等裝置遠程操作。

除了舒適性外，AI也可以用來計算建築物或城市的最佳能源效率，節省多餘的能源

消耗，或是利用人臉識別或指紋識別來防止
非相關者進出特定空間，兼具防範功能。

擴增：人與機械的融合
—— 擴增人類的能力或存在

　　AI可以擴增人類的思考力、意志力，以
及身體能力等等。事實上，現在網路的檢索和
記錄就是依賴機器。不僅如此，在看護或農業
等領域引進可強化肌力的動力骨骼等設備，未
來還有可能使工作更迅速、更有效率也更穩
定。

　　此外，還能利用虛擬實境或機器人讓人
同時存在於多個地點，或者是從遙遠的另一端
共享經驗，人類本身早已經走在邁向半改造人
（cyborg）的路途上。

夥伴：與人類平等的機器
—— 接受 AI 成為社會的一分子，共同生存？

　　假如有一天AI變得能跟人類一樣自主思
考，自己設定問題並解決，成為通用型的人
工智慧，世界會變成什麼樣子呢？

　　如果AI做出人類無法理解的行為或決
策，也許會被人類敵視；但另一方面，AI也
可以是人類的朋友或夥伴，被接受成為社會
的一分子。

AI 與社會的世界地圖

在思考 AI 和社會的議題時應重視哪些價值，全球正逐漸形成共識。
但另一方面，這些價值中哪一項的優先度最高，
答案也與各地區的歷史、文化和社會觀點息息相關，
呈現多元的面貌。

歐洲：
人權、人類尊嚴與責任

　　歐洲曾經歷殖民時代與兩次世界大戰，並建立了重視人權、平等及責任的歐洲聯盟基本權利憲章。歐盟特別重視可兼顧技術革新、環保與個人隱私保護的研究與制度設計。

非洲：
技術革新與制度性課題

　　非洲受到歐洲和中國很多技術方面的援助，出現了許多先進科技比技術先進國還要更快普及的蛙跳現象（Leapfrogging）。但在享受科技恩惠的同時，法制面卻仍不完備，引發了各式各樣的問題。

中東、印度：
東西方交界的包容性

　　以色列、阿拉伯聯合大公國、印度等國，不論在歷史、社會，還是人流、物流上

都是亞洲與歐洲的中繼地。此地區的宗教、文化、民族都相當多元分歧，藉著積極與歐美和中國的大學、企業合作，使 AI 的產業、研究和教育都逐漸展露頭角。

中國：社會的調和與穩定

中國相當重視國家安全和政治經濟面的穩定。中國政府正思考如何在利用資訊科技維持社會的穩定，以及維持世界和平、跟自然環境共生等課題間找到平衡點，並推動一帶一路政策，深化與亞洲、歐洲、非洲等地區的合作。

美國：個人自由與拓荒精神

民族上擁有多元價值和思想的美國，最為重視個人的權利和自由。鼓勵挑戰和包容失敗的拓荒者精神，創造出許多可提供新價值和經驗的科技與服務，並被全世界使用。

如同美中貿易戰，科技、政治和社會息息相關，所以認識國與國的網路，以及不同地區的價值觀與歷史也很重要喔！

大家都有不同的戰略，那我們的戰略又是什麼呢？

AI 與未來願景

科技研發的背後一定存在某種目的，
而人們心中描繪的未來願景就是最強大的動力。
脫離了政治、經濟、社會、文化及價值，就無法討論科技。
科技只是一種手段。首先必須從描繪我們想塑造一個什麼樣的社會開始。

我們想生活在什麼樣的社會？

如果本書一開始就先介紹AI的技術，有些讀者可能會誤把引進AI當作一種目的。然而，科技充其量只是一種手段。在引進科技前，必須先思考我們想生活在一個什麼樣的社會。

而要思考這個問題，又必須先從歷史或地理的角度認識現在社會擁有的價值觀。因此，本書的第1章才決定先從價值的交換（trade off）和地理層面來思考現代社會。

願景不一定只能有一種。人類和只能根據過去資料來學習的機器不一樣，可以運用想像力預想各種可能性，然後動手實現它，所以也可以描繪很多種不同的未來。

價值是多元的，不同的立場、不同的對象會形塑出不同的觀點。本書提供的思考方向也不是唯一的正解。希望讀者能重新審視自己長久以來相信的常識和理所當然的價值，甚至敢於懷疑本書的內容，並珍視這種懷疑的態度。

100年前的法國和日本

科技與社會文化的交互作用，除了橫向的空間外，也可以從縱向的時間來思考。讓我們把時間倒退回100年前的時代。

下一頁的兩張圖，描繪的都是「消防活動」。左圖的畫作名為「Aerial Firemen（飛空消防員）」，描繪消防員飛在空中與惡火戰鬥，嘗試救出建築物中的人。

比較法國和日本這兩個國家，在20世紀時對21世紀的想像，會發現右圖的想像可能更貼近現實。另一方面，現代人（特別是西方）依舊在努力研發飛空計程車等技術，可見人類或許仍在追逐飛行的夢想。

這兩張畫描寫的都是「消防活動」這個主題，但描繪出來的科技卻不一樣。這就是不同社會的人們對於「如果未來是這樣就好了」的願景各不相同的其中一例。

這樣的差異不只存在於日本和法國之間，就連同樣都由日本人來描繪的情況，相信也會出現各種不同的結果。

人類的想像力和可能性

人類可以想像的事物，一定可以被人類實現。

據信這句話出自法國小說家朱爾・凡爾納（1828-1905）。凡爾納是著名的科幻小說之父，著有《海底兩萬哩》、《地心歷險記》、《從月球到地球》等作品。

所謂的想像，就是讓意識朝某個方向前進，形成可以塑造未來的力量。

近年來，就連政府也開始提出「我們想生活在什麼樣的社會」的政策性願景。例如日本政府提出的 Society 5.0 政策，就希望透過結合虛擬和物理空間的系統來兼顧經濟發展和社會問題，實現以人為本的社會。還有像是聯合國的永續發展目標（Sustainable Development Goals：SDGs）也提出了一系列要在 2030 年實現，以解決貧困、氣候變遷、保護人權等問題為目的的 17 項目標與 169 項指標。

本書要介紹的也不是玫瑰色的未來，而是現在我們正面臨的各種問題。希望讓更多人意識到問題的存在，使人類在未來有能力解決這些問題。

飛空消防員
出處：Jean-Marc Cote "In the Year 2000"
1900 年巴黎萬國博覽會的明信片 Aerial Firemen
https://en.wikipedia.org/wiki/En_L%27An_2000

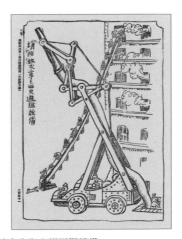

消防噴水車與火災避難設備
出處：《日本及日本人》（政教社）（1920）

圍繞AI的各種問題

AI在為社會帶來各種好處的同時,也帶來了許多不同問題。
其中有些問題與技術面課題緊緊綁在一起,
也有的是原本社會就存在的問題,但被新科技放大。

Fairness & Discrimination
公平性與歧視

Misuse & Misinformation
資訊濫用與錯誤資訊

Personal Information & Privacy
個人情報與隱私

Human Dignity
人類尊嚴

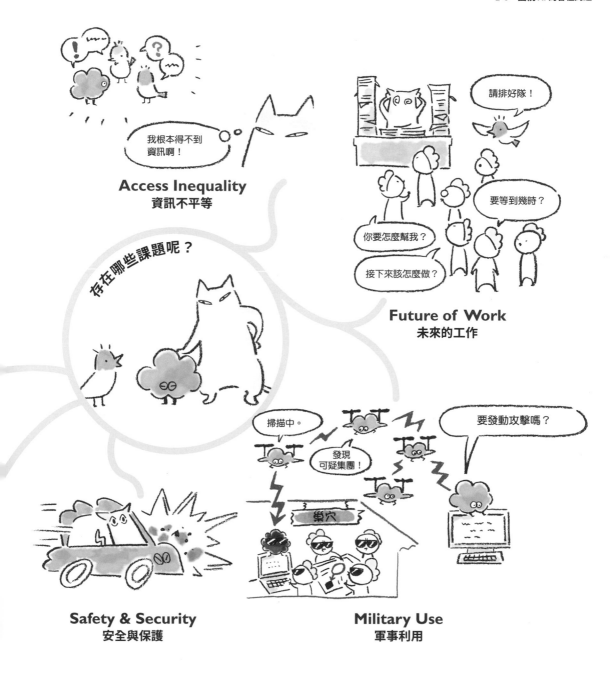

Access Inequality
資訊不平等

Future of Work
未來的工作

Safety & Security
安全與保護

Military Use
軍事利用

本書的閱讀地圖

本書為左右跨頁，以兩頁為一單位，每節介紹一個主題。
有些主題是探討如何運用科技去解決特定問題，
也有些問題必須從社會和制度的觀點來解決。
與各頁有關的內容會用☞符號標出參照處。
請一邊參考相關頁面一邊閱讀下去。

■ **價值觀的多元性與未來的提示 ～第1章**

　　一如各位前面讀到的，本章介紹了過去和現在不同地區人們所具有的價值觀多元性，並提供作為提示的材料，讓讀者思考要描繪什麼樣的未來願景。

■ **AI技術的特徵與課題 ～第2章**

　　作為後續討論的前提知識，本章會介紹AI技術的特徵和課題，運用插畫解說AI的歷史和AI能做到什麼，又不能做到什麼。

■ **AI技術與社會的交互作用**
　～第3章、第4章、第5章

　　本章會從不同角度介紹AI技術與社會的交互作用。讓大家了解AI帶來了什麼樣的新問題，我們又該如何去面對它們。第3章介紹的是可以從技術面解決的問題；第4章介紹的是必須從社會制度等方面著手的問題；而第5章則是介紹人和機器互動時會遭遇到的問題。

■ **社會原本就存在的課題 ～第6章**

　　AI帶來的問題之所以複雜，是因為人類社會本身就存在許多難以簡單找出解決之道的議題。本章將帶領讀者重新思考人類和AI在工作和生活中的分工和責任歸屬問題，以及人與機器的關係。

■ **重新思考未來 ～第7章**

　　在了解科技本身的問題，以及社會存在的問題之後，我們必須回頭思考第1章所提出的問題——我們想要什麼樣的未來。

　　然而，這裡的主詞「我們」其實是一個很複雜的名詞。正在閱讀這本書的你，是一個什麼樣的人呢？「你」可能是一個學生，可能是一個上班族，又或許是一個AI研發人員，也可能是一個以上皆非的AI使用者。甚至「你」根本不是日本人，而是正在看本書翻譯版本的外國人士。

　　所以，最後本書想總結一下不同立場的「你」有哪些能做的事，又應該去思考哪些問題。

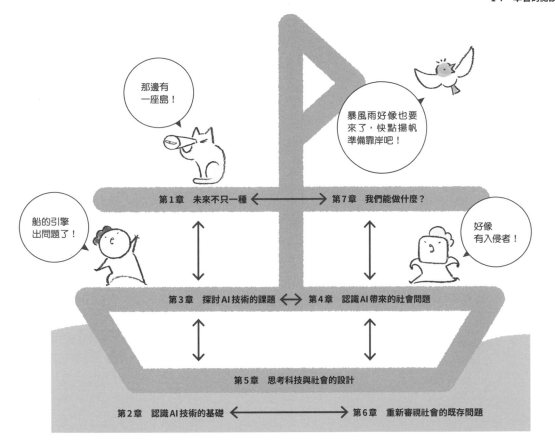

■ **如果把這本書比喻成一條船……**

　　如果用一條船來比喻本書的結構,那麼這一條船的骨幹會是第3章、第4章、第5章。思考AI能做到的事及社會能做到的事,並透過設計使這兩者發揮適當的作用,就可建造出一艘能承受大浪的船。這些章節也包含了一些嚴格來說並不屬於AI研究範疇的內容。然而,不論AI的精準度和性能再怎麼強,只要無法與社會制度相配合,或是用起來不舒適,人們就不會去使用它。

　　在此之上,我們還必須巧妙地應對AI技術的展望和課題(第2章),以及固有社會問題帶來的風浪(第6章),並決定要前往的方向(第1章),與各種不同價值觀的人們攜手合作,迅速決策並採取行動(第7章)。

　　請各位讀者也試著透過本書,去設計出屬於自己的那條船。

第 2 章

認識 AI 技術的基礎

要理解圍繞著 AI 的各種課題，
必須先理解這項技術的特色和原理。
本章將以綜覽的方式帶大家一探 AI 技術的相關環境和歷史、
AI 能做到的事情及未來的研究方向，
讓大家有個概觀的認識。

支撐AI的技術與環境

要讓AI妥善地運作，就一定要有底層的技術和環境支援，其中包含：
①資料的輸入、②硬體和軟體的運算、
③電腦畫面或機器人等輸出裝置、④通訊網路或資料中心等外部環境，
資訊會在物理空間和電腦空間往來交換。

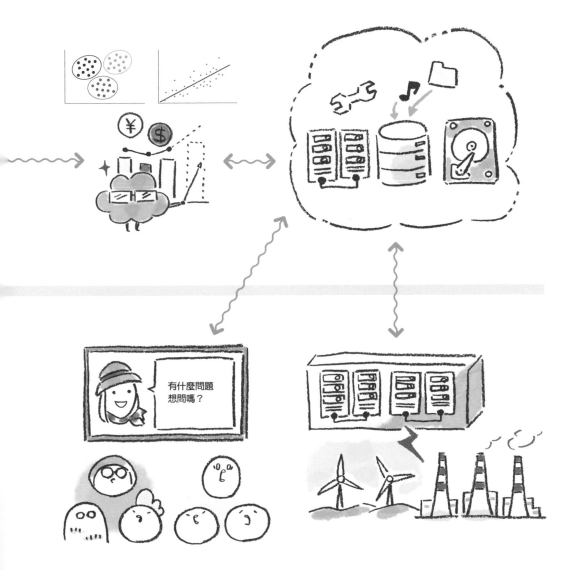

①把資料輸入AI

目前主流的AI是透過學習過去的資料來進行認知和預測（☞2-3）。資料的種類除文字、聲音、圖像外，有時還包括地理位置或對話資料。

要用AI可讀取的形式取得資料，除了必須運用攝影機或麥克風等接收器外，有時為了取得地理位置還會利用衛星資料。

②運算

告訴AI運算步驟的設計圖叫做演算法（☞2-5）。演算法可以在Windows、macOS、Android、iOS等OS（作業系統）上運作。

要使用演算法進行運算，必須先有CPU或GPU等物理性的機器（硬體）。這些機器是由名為半導體的物質製造而成，性能優秀的處理器可以用很高的速度進行非常精確的邏輯運算，還能組裝出像手錶一樣小巧的電腦。

另外，運算的工作除了用實體裝置外，也可以利用網路交給雲端服務商代為執行（☞4-8）。利用雲端運算，除了不用自己整備運算環境就能進行高度運算，也不需要自己維護硬體設備，相當便利。但相反地，假如遇到通訊不良或伺服器斷線的話，使用者除了等待之外什麼也不能做。

各種東西會轉化成資料被輸入進去。

原來如此

在本機或雲端上運算。

③輸出運算結果

　　AI 的運算結果不只可直接顯示在電腦或手機等裝置（機器）上，也可以藉由網路對其他連接網路的設備下達新的運算指令。這使得一個 AI 可以對其他 AI 連鎖下達命令，或是讓兩個 AI 互相學習。

　　此外，也可以將 AI 安裝在機器人身上，根據運算結果讓身處物理空間的機器人做出動作。

　　為了讓人可以輕易理解輸出的結果，必須設計易於使用、閱讀的畫面或外觀（人機介面）（☞5-2），或是能跟人類對話的代理者（Agent）（☞5-6）。

④外部環境

　　要將資料送給 AI，或是透過雲端把 AI 的運算結果送到裝置上，就一定要有通訊網路。現在全球正利用 5G 技術，部屬兼具高速、高頻寬、低延遲、高可靠性的網路連接環境。

　　此外，還有管理提供雲端服務所需的伺服器、線路的資料中心，以及支持以上所有設備的電力供應網，都是現代社會不可或缺的一環。

相互學習，有時還會對別的 AI 下命令。

有什麼問題想問嗎？

通訊網路和電力供給皆不可少。

AI的歷史與寒冬期

AI的定義在歷史上是不斷變動的。目前認為AI技術在歷史上有過3次爆發。
第一次是1950~1960年代,第二次是在1980年代,第三次則是2010年之後。
其中,著眼於「學習」的第三次爆發直到現在仍在繼續。

1956 達特茅斯會議
「研究如何用機器模仿人類的思考」

第二次AI爆發
1980年代

如果是這個
症狀就開這
個處方。

嗯嗯

知識

第一次AI爆發
1950~1960年代

推論

A ▶ B

B ▶ C

A ▶ C

數學證明

探索

迷宮

雖然可以解決特定問題,
卻無法解決複雜問題
(框架問題)

寒冬期
1970年代

然而,
①網際網路的鼻祖
　ARPANET首次運行。
②因微型處理器的發明,
　個人電腦開始普及。

雖可解決特定問題,但難以處理資料太少的範例或道德問題。

第三次AI爆發
2010年代~

網路

社群網站

圖像　聲音

學習

原來如此

研究前線
2020年代~

現在的AI屬於用來執行診斷或檢測異常等特定工作的「特化型AI」,但在最前線的研究領域,正努力研發可處理所有工作的通用AI。

雖然可解決特定問題,卻存在知識量不足和矛盾的瓶頸(符號奠基問題)。

寒冬期
1990~2000年代

然而,
①因網際網路的普及,資料得以累積。
②機器學習必要的神經網路研究開始推進。

但從上面看來,感覺最新的技術和方法反而是在「寒冬期」誕生的耶。

所謂的寒冬期,指的是人們的期待下降,研究經費縮減的時期,但並不是說研究完全沒有進展。從這個定義來看,第三次爆發短期內還不會迎來寒冬期呢。

框架問題（Frame problem）

第一次和第二次AI爆發都因為遇到「框架問題」而進入寒冬期。「框架」就是英文的「Frame」。而所謂的框架問題，就是說AI只有在人類設定的規則或知識範圍等狹小的「框框」中才能解決問題，或是AI沒有辦法自己選擇適合的規則或知識來解決問題。

讓我們用一個例子來解釋框架問題。假設我們命令一個AI「進去放有炸彈的房間，把貴重物品拿出來」。下達命令的人只想要安全地取得貴重物品。但結果AI一號卻把炸彈跟貴重物品一起拿了出來。

為了解決這個問題，研究人員改良出AI二號，讓AI在把東西拿出來時想一想會不會引起其他問題。結果這個AI雖然變得會小心

把貴重物品從房間拿出來。

了解。

AI一號

我拿來了！

為什麼把炸彈也拿來了！

AI二號

也要想一下會不會發生別的問題！

我拿到貴重物品了，這不是炸彈對吧。移動它應該沒問題吧？該不會移動了，天花板就因此掉下來吧？……

BOMB

啊啊！為什麼不回來啊？

炸彈,卻也開始思考「還有沒有其他炸彈」、「天花板會不會掉下來」等各種風險,因為考慮太多而無法行動,最後炸彈仍因為時間到而爆炸。

符號奠基問題(Symbol grounding problem)

所謂的符號奠基問題,指的是機器無法像人類一樣理解字符的意義。如果無法把符號(symbol)跟概念連接(grounding)起來,就無法正確理解符號和概念。這將導致AI缺乏「常識」(☞3-4)。

譬如人類因為理解「蘋果」的概念,所以即使蘋果被咬過、倒過來放、放在箱子裡,或是放大縮小,都能指認出那是「蘋果」。相反地,要把蘋果的「特徵」全部寫成規則,或是化成一種知識全部教給機器就很困難。

不過,會「學習」的AI則能藉由學習符號和大量圖像(image)的關係,讓機器在某種程度上自己找出該事物的特徵。這項技術成為了突破口,因此催生了第三次AI爆發。

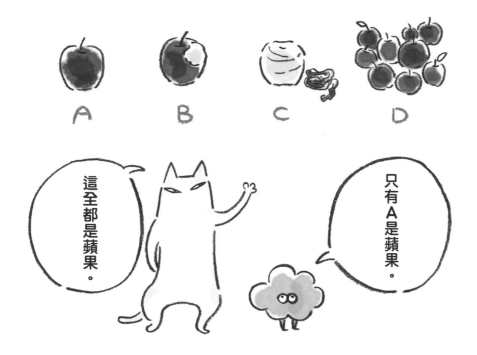

會學習的機器 (AI) 能做的事

第三次AI爆發的主角是「會學習」的AI。
透過學習行為，機器變得能夠在一定程度上自主地認識、預測、生成、對話。
這些技術使AI可以成為人類的工具，
或是一定程度上在不需人類介入的情況下自主工作，產生各種用途。

認識

　　藉由學習大量的文字、圖像或聲音資料，來辨別資料的模式。

　　為了進行適當的認識，除了足夠的量之外，還需要高品質的資料。為此必須準備高解析度的圖像或音源，使用高性能的感測器搜集資料，有時還需要由專家在輸入前為資料加上解釋或意義。

在工廠檢測不良品　　　　診斷癌症等疾病　　　　為個人客製化的商品

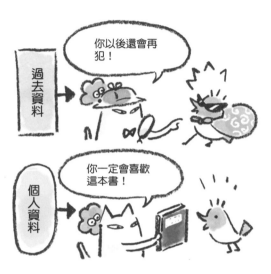

預測

　　根據過去的資料，預測未來會發生的事件、個人的嗜好或行動。但因為預測是機率性的而不是確定的，所以有時會過度適應過去的資料或案例（過度學習），導致無法進行適當的預測（☞3-2）。

　　另外，也有研究批評，若用出生地或性別等統計資料來預測（profiling）個人的嗜好或行動，反而會讓AI進行雇用和審查保險等重要判斷時，複製社會原有的歧視表現（☞4-5）。

評估人事雇用　　　　　評估金融或保險的風險　　　　法院的量刑判斷

生成

　　AI可以根據過去的資料或個人資料，自動生成文章、畫像或聲音。有時也會創造出人類意想不到的豐富創意或表現。

　　近年也出現很多重新生成名人作品的AI。這些AI因侵犯到作品著作權、歷史人物的尊嚴等倫理、法律性的問題而受到批評。還有生成虛假圖片或影片的功能也被用於製造假新聞，具有惡意傷害他人名譽等潛在問題（☞4-7）。

自動產生圖畫、音樂、　　　　　自動產生名人或親人的　　　　　自動產生假影片
語句和文章　　　　　　　　　　外貌或行為表現　　　　　　　　　或假新聞

對話

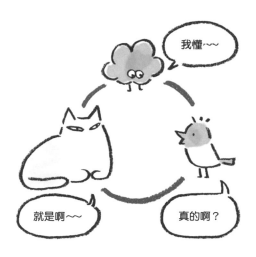

利用自動產生語句和文章的技術，可與人自然對話的聊天機器人和智慧音箱漸漸進入我們的生活。要與人類進行連續且流暢的對話，除了正確理解文脈和字句意義之外，AI的外觀和角色等設計也日益重要。

但另一方面，也有專家指出，AI的外觀設計助長了偏見和歧視，以及引導人類情緒或使人對機器產生依賴等問題（☞5-6）。

用聊天機器人
自動應答或對話

智慧音箱的
語音對話

寵物型機器人
對人話的理解

讓機器學習的方法

在過去的AI爆發中，AI始終無法解決沒有設定規則的問題，
以及知識資料庫不足的問題（☞2-2）。
然而，現代的學習型AI已能對未知的資料進行決策。
不僅如此，現代AI還能在一定程度上自主地思考該如何學習。

監督式學習

　　監督式學習，就是用老師教學生解問題
的方式來教AI學習的方法。由人類監督者示
範問題（輸入）和答案（輸出），
讓AI模仿人類的決策。

　　不過，這種學習方式只
能教導人類已知答案的問
題。

　　此外，為了教會機器，
必須事先替題目和答案建立
關聯，或是用標籤告訴機器
這份資料是什麼意思。這個
作業叫做標註（annotation），
而為大量資料標註問題和解
答是非常累人的工作，因此
有些單位公開提供已經完成
標註的免費資料。（☞3-8）

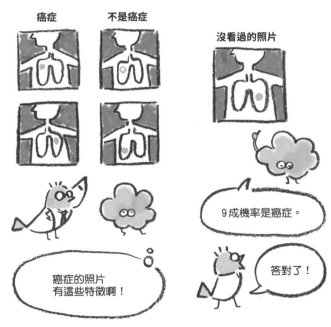

癌症　　　不是癌症

沒看過的照片

9成機率是癌症。

答對了！

癌症的照片
有這些特徵啊！

非監督式學習

　　這是一種老師只提供問題，讓學生自己去分析答案傾向的學習方法。人類監督者只給予題目（輸入），然後對AI給出的答案（輸出）進行解釋和定義。

　　這種學習法可以相當有效解決人類也不知道答案的問題，但當人類和機器的著眼點不同時，機器也有可能給出人類所無法理解的答案（☞3-2）。

強化學習

　　一如人類的體育和美術等實作課程，讓學生實際動手學習的方法。由人類監督者告訴AI最終目標並評價AI是否正在接近目標，讓AI透過試行錯誤自己找出最好的方法。

　　雖然強化學習可用來預測最佳行動或產生新的資料，但因為AI不像人類一樣擁有常識，所以有時會產生人類意想不到的方法或奇怪的資料（☞3-4）。

學習方法的組合

　　也有的學習方法是組合監督式學習、非監督式學習和強化學習的其中幾種。

　　譬如2016年時，由Google DeepMind公司開發，打敗了多位職業圍棋冠軍的AlphaGo，就結合了監督式學習和強化學習。AlphaGo的開發者是先讓AI學習職業棋手的棋譜後（監督式學習），再讓AI互相對弈（強化學習）。

　　透過這種訓練方法，AlphaGo創造了嶄新的定石方法，進化出令人驚豔的強大棋力。

AI與機器學習

　　監督式學習、非監督式學習、強化學習這3種學習法，都是讓AI學習大量資料，然後進行分類、預測或生成的技術。這種訓練方式叫做機器學習，是現代AI爆發的核心技術。

　　而當中神經網路就屬於機器學習的一種（☞2-7），神經網路中又有一種叫深度學習（Deep Learning）的技術。本書後面提到AI一詞時，指的主要都是機器學習或深度學習。

　　另一方面，AI研究除了學習之外還有很多不同的領域，而AI的研究領域未來還會繼續擴大（☞2-8）

若把學習類型比喻成學科……

監督式學習

21 + 43 = 64

數學等老師會告訴你答案的學科

非監督式學習

綜合學習等自己想答案的學科

▼AI與機械學習的關係

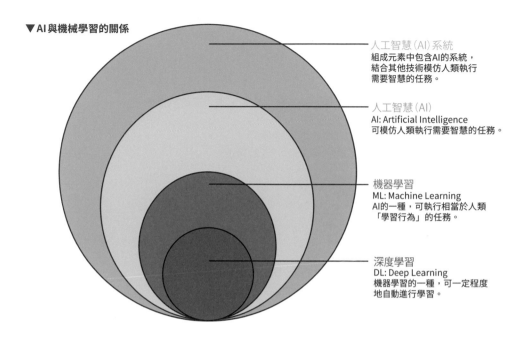

人工智慧（AI）系統
組成元素中包含AI的系統，
結合其他技術模仿人類執行
需要智慧的任務。

人工智慧（AI）
AI: Artificial Intelligence
可模仿人類執行需要智慧的任務。

機器學習
ML: Machine Learning
AI的一種，可執行相當於人類
「學習行為」的任務。

深度學習
DL: Deep Learning
機器學習的一種，可一定程度
地自動進行學習。

強化學習

體育和美術等透過試行錯誤來掌握訣竅的學科

**也有像監督式強化學習
這種組合式的學習方法**

如課外活動等考驗應用力和想像力的學科

學習所需的步驟

讓 AI 學習，說得具體點就是不斷調整 AI，使 AI 能輸出符合目的的結果。
在這個過程中不由人類決定調整的規則，
而是讓 AI 自動根據輸入資料的性質來調整（＝學習），
這就是引領現代 AI 爆發的深度學習技術（☞ 2-7）的特色。

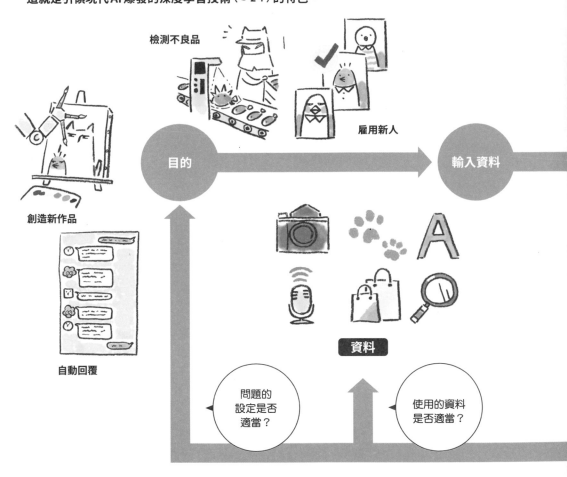

檢測不良品

雇用新人

創造新作品

自動回覆

目的

輸入資料

資料

問題的設定是否適當？

使用的資料是否適當？

要讓 AI 系統做出適當的行為，首先必須製作良好的 AI 模型。

而要利用機器學習製作良好的 AI 模型，必須如下圖一樣設定適當的問題、提供適當的資料、設計適當的演算法，並不斷調整。

所謂的演算法（algorithm），就是記錄使 AI 動起來的步驟的設計圖。當我們想要分析某份資料時，依照目的的不同，例如是要找出模式加以分類，或是要預測變化趨勢，所用的演算法也不相同。

當 AI 無法輸出符合目的的結果時，通常會（1）變更或調整演算法、（2）重新檢視輸入資料的質和量。有時依情況還會（3）檢討作為目的的問題是否設定恰當，是否正要求 AI 做出按現在的資料和演算法不可能達成的任務，然後對目的本身進行微調。

像這樣不斷來回檢視目的和輸出結果，調整 AI 模型，對於 AI 的學習來說是不可缺少的過程。

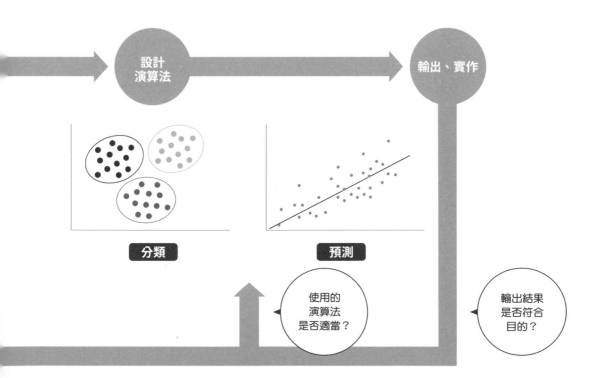

演算法的種類

■ 分類

分類型的演算法，可以找出給定資料中的類似模式，通常用於分析未知的資料屬於哪個組別。譬如用來處理「這隻動物是不是貓？」、「這封郵件是不是垃圾郵件？」等分類問題。

■ 預測（迴歸）

預測（迴歸）型的演算法，通常用來從離散的資料模式中分析預測未來資料的結果。譬如用來預測「根據臉部特徵，此兩張臉屬於同一人的機率有多少？」，或是「根據過去的消費記錄，向此用戶推薦新產品，對方因此購買的機率有多少？」等問題。

■ 集群分析

集群（cluster）就是一團東西的意思。集群分析是用來把給定的資料分成數個集群的演算法。乍聽之下跟「分類」很像，但分類是事前已知資料屬於哪些族群的監督式學習。而集群分析則是非監督式學習，是根據資料本身的特徵來分群。因此分群後的資料還必須由人類來解釋每個群體代表什麼意義。

如何選擇演算法？

選擇適合的演算來製作模型，可以更有效率、更簡單明瞭地解決問題。而演算法的選擇有以下幾種指標。

■ 模型評估指標範例

- 正確率（Accuracy）
  分類或預測與正解一致
- 適合率／精確度（Precision）
  分類或預測的錯判很少
- 召回率（Recall）
  分類或預測的錯漏很少
- 分類精準度（AUC）
  總體來說，分類或預測的正確率

■ 評估指標的用法範例

使用模型的目的不同，用來評估的指標也不一樣。舉例來說，假如這個模型的目的是找出不良品，那麼我們會希望盡量避免出現明明是良品卻誤判成不良品（偽陰性），或明明是不良品卻誤判成良品（偽陽性）這兩種情況。而比較偽陰性和偽陽性，在不良品檢測中偽陽性的問題更嚴重，因此會用代表錯漏率少的召回率當作評估指標。

就像這樣，實務上會一邊依照目的調整演算法或資料，一邊讓 AI 正確學習，產生良好的模型。

▼哪個AI系統更適合用來檢測不良品？

（A）雖然能百分之百找出不良品，但有時會把良品也
當成不良品的系統

良品　不良品

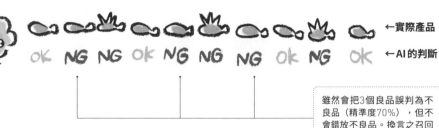

←實際產品

←AI的判斷

雖然會把3個良品誤判為不
良品（精準度70%），但不
會錯放不良品。換言之召回
率很高。

（B）總體來說的精準度比A系統好，但有時可能會把
不良品當成良品的系統

10次中只有1次會誤判
（90%精準度），正確率很
高，但可能會把不良品當成
良品。

←實際產品

←AI的判斷

只看精準度的話是
B系統更好，但不
良品檢測會漏掉不
良品的話就沒意義
了呢。

就是啊！

借鑑大腦的運作原理

在機器的學習中，不由人類來決定調整（=學習）的規則，
而是讓AI自動根據輸入資料的性質來調整的訓練方法，就叫深度學習。
多虧深度學習的出現，與過往的機器學習相比，現在即使是輸入和輸出的關係十分複雜的問
題，也能自動且正確地預測或分類出資料的模式。

不是改良輸入資料，而是改良演算法

在深度學習發展起來之前的2010年代，科學家們為了提升機器學習的精準度，一直在研究輸入資料的加工技術。

相反地，深度學習不只改良資料，還改良了演算法，可說是一項革命性的技術。

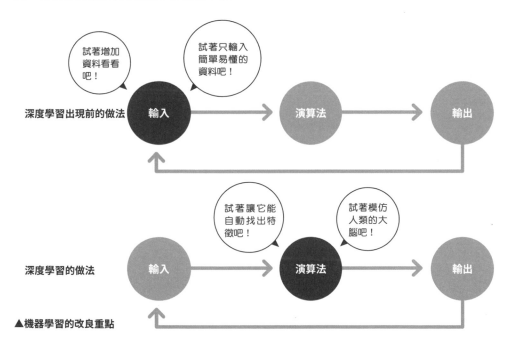

▲機器學習的改良重點

大腦認識事物的原理

　　人類的大腦由數以千億計的神經元（神經細胞）組成，並藉神經元組成的網路來傳送電子訊號，以此傳送訊息。

　　人類之所以能辨識蘋果和橘子「不一樣」，是因為傳遞「蘋果」這個訊息時，電子訊號在大腦內通過的路徑和訊號量跟「橘子」不同。正是這個模式上的差異，讓我們得以辨別包含「蘋果」和「橘子」在內的各種事物。

　　下圖是神經元的模式圖。雖然神經元是相同的，但在看到蘋果和橘子時，神經訊號傳遞的模式卻不一樣。

神經網路與 AI

　　神經網路（Neural Network）是一種模仿神經元構造的數學模型，屬於機器學習（☞2-4）的一種。神經網路的研究始於與第一次 AI 爆發同時期的 1950 年代，和 AI 研究有著密切的關係。

　　現代第三次 AI 爆發的代表性技術「深度學習」，就是運用了深度（deep）堆疊多層神經網路的深度神經網路模型（DNN）。另外，雖然本書不會進行太深入的介紹，但除了DNN之外，還有使用圖像資料的卷積神經網路（CNN）、使用時序資料的循環神經網路（RNN）等模型。

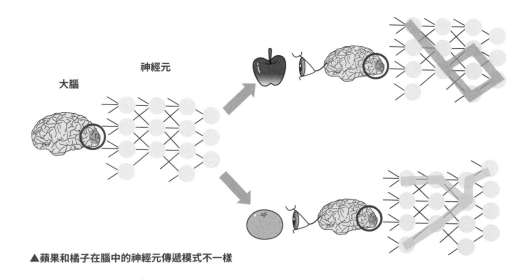

神經元

大腦

▲蘋果和橘子在腦中的神經元傳遞模式不一樣

從神經網路到深度學習

在初期的神經網路研究發展出深度學習技術之後，
AI 終於變得能夠處理現實中的複雜問題。
但另一方面，卻也產生了 AI 模型太複雜而難以詮釋的新課題。

神經元的訊息傳遞

生物大腦中的電子訊號會在神經元之間傳遞。當一個神經元從其他神經元收到的訊號大於特定強度（超過閾值）時，就會產生電子訊號（點火），把訊息繼續往下傳遞。

人工神經元與感知器

模擬神經元電子訊號傳遞的數學模型，就叫人工神經元。

神經元之間的連結有強弱之分。而「感知器（Perceptron）」就是一種利用這個強弱的權重差異，來進行學習的人工神經元模型。

感知器平時會輸出「0（未點火）」的訊號值，而當帶有權重的輸入訊號總和超過一定標準時，就會改輸出「1（點火）」的訊號值。

感知器的閾值一般是由設計者設定的，不過當感知器在該點火時點火即發送「正確」的訊號給它，也能讓它自己學習、自行做設定。這就是現代機器學習的「監督式學習」（☞2-4）思維。

人工神經元的電子訊號

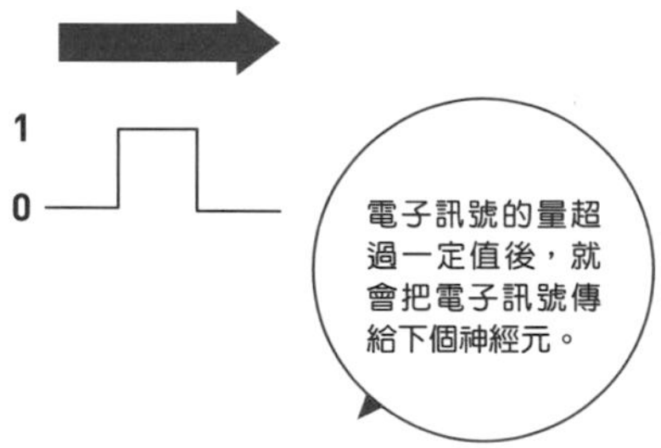

1
0

電子訊號的量超過一定值後，就會把電子訊號傳給下個神經元。

感知器上的電子訊號流動

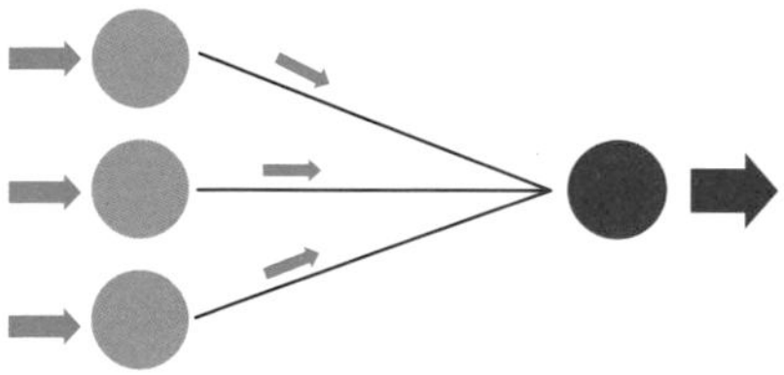

▲人工神經元與感知器

感知器及其極限

使用感知器，科學家成功提高了AI圖像辨識的精確度。例如雖然每個人手寫的數字都長得不盡相同，但「0」都是畫圈，而「1」都是畫一條直線。我們可以把數字放大，譬如印在20×20格的方格紙上，有畫線的地方塗黑，沒有線的地方留白。

接著將所有格子當成資料輸入，讓AI學習在判斷圖像為數字「0」的時候就點火，便能製作出可以辨識數字「0」的感知器。

然而問題在於，感知器一旦認識「0」，就沒辦法認識「1」。這種泛用性的缺乏令大家不再投資感知器的研究，使AI進入寒冬期（☞2-2）。

多層化與神經網路

而神經網路則是像下圖那樣，將人工神經元層層疊起來的結構。輸入端和輸出端之間設置了中間層（隱藏層），使AI能夠實現複雜的表現，提升了辨識和預測的精準度。

一般來說，神經網路都具有輸入層、中間層、輸出層這3層神經元。增加中間層的部分，使之「加深」（deep）到4層以上，就稱為深度學習。

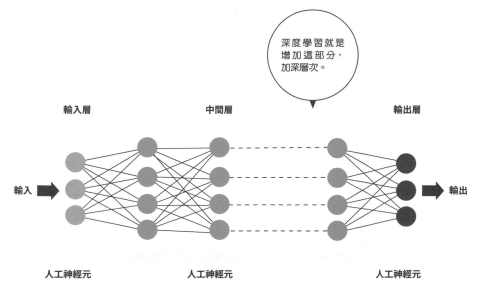

深度學習就是增加這部分，加深層次。

輸入層　　　　　中間層　　　　　　　　　輸出層

輸入 →　　　　　　　　　　　　　　　　　　　→ 輸出

人工神經元　　　　人工神經元　　　　　　人工神經元

▲神經網路

反向傳播算法

　　歷經寒冬期之後，用於訓練多層神經網路的學習演算法，在1980年代被開發出來。那就是反向傳播算法（Backpropagation）。反向傳播算法在修正輸入和輸出的誤差時，會逆向從輸出層向輸入層回溯給予權重。

　　我們可以用傳話遊戲來打個比方。這就像是在第一個人和最後一個人的傳話內容發生誤差時，從最後一個人往上回溯，看看意思在哪裡出現了錯誤，藉此找出到底該修正哪一層。

深度學習（Deep Learning）

　　當神經網路具有2個以上隱藏層時，就叫深度學習。要加深隱藏層的厚度，就需要大量可供訓練的資料，和能分析大量資料的高性能電腦。

　　2012年，首次向世人展示深度學習驚人力量的卷積神經網路AlexNet具有8個隱藏層，使用了反向傳播算法和超過100萬張的訓練用圖像資料訓練而成。在此之前，訓練圖像的顏色和形狀都是由人類去設計的，但AlexNet昭示了只要資料量夠大，機器也能自己學習找出特徵量，可說是革命性的成就。

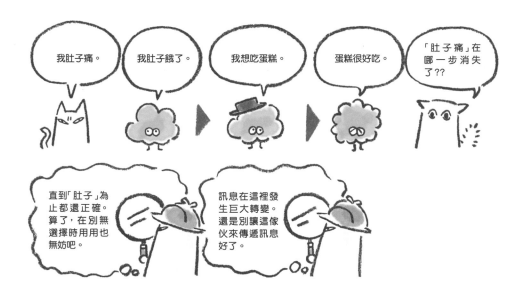

黑盒子問題

在深度學習中，機器會根據大量的資料建立複雜的模型。當模型比較簡單時，還有可能去解釋決策的路徑；但有時模型的內部會變得太複雜，在非監督式學習等訓練中衍生出連開發者自己也無法用邏輯去詮釋或說明的模型。

就算複雜到難以說明，有些應用場景只要精準度夠高就行了。然而，在診斷疾病或人事雇用等會左右他人人生的應用場域，就必須對模型的決策進行某種程度的合理解釋。因此產生了開發可解釋的 AI（☞3-3）的需求。

模擬與現實

使用深度學習，科學家看到了用 AI 直接學習複雜生命現象或社會現象，並加以模擬的可能性。

但另一方面，如同黑盒子問題的存在，也可能會遇到複雜計算結果的內容無法被人類解釋，或是人類也無法判斷算出來的結果到底正不正確的困境。

因此，與具備實務知識和經驗、有能力解釋 AI 對現實世界的模擬結果的專家，建立合作體系愈來愈重要。

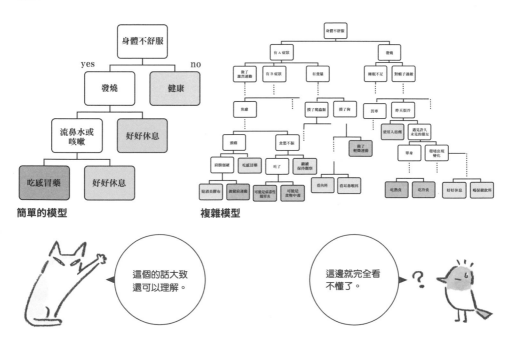

簡單的模型

複雜模型

這個的話大致還可以理解。

這邊就完全看不懂了。

AI 的研究分野與擴張

AI 研究是一門長久以來不斷在思考「智慧是什麼」的學問。
這門學問在歷史上發展出許多次領域。
第一次 AI 爆發的推論和探索在現代依然是很重要的研究，
本節將介紹日本的人工智慧學會對 AI 研究的分類。

人工智慧 (Artificial Intelligence：AI) 研究的分類

我們希望機器或技術具有跟人類相同的智慧，
而「人類的智慧」究竟是怎麼被定義的呢？

推理、知識、語言
從資料開始建構人類的知識、語言、思考系統和規則的研究。

學習、認知、預測
根據資料預測未來並加以分類的研究。

身體、機器人、運動
現實世界的機器人或自駕車的運行技術等，思考人與機器之關係的研究。

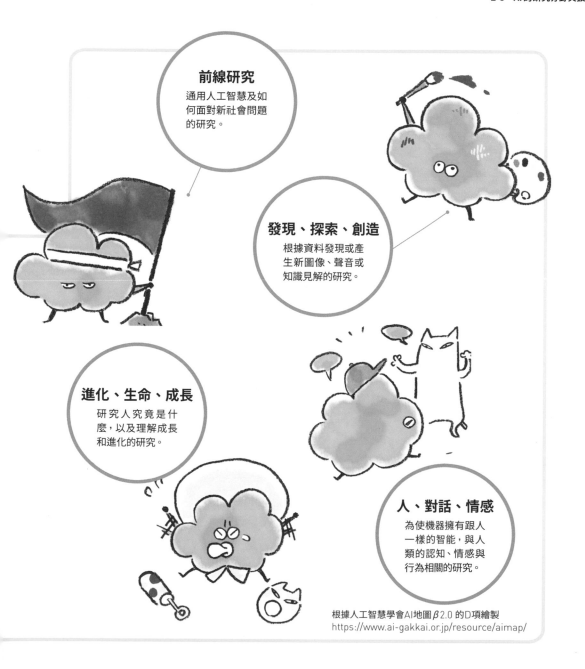

前線研究
通用人工智慧及如
何面對新社會問題
的研究。

發現、探索、創造
根據資料發現或產
生新圖像、聲音或
知識見解的研究。

進化、生命、成長
研究人究竟是什
麼，以及理解成長
和進化的研究。

人、對話、情感
為使機器擁有跟人
一樣的智能，與人
類的認知、情感與
行為相關的研究。

根據人工智慧學會AI地圖 β 2.0 的D項繪製
https://www.ai-gakkai.or.jp/resource/aimap/

隨時代演進的 AI 研究

AI研究除了前面介紹的推理、知識和學習外，還包括研究如何將輸出的資料轉化成人類易於理解之形式的對話研究、讓AI在現實世界動作的身體性研究、產生新資料的研究，以及理解人類發展和進化的研究。

近年來，包含AI做出歧視性決策的事件內在，AI技術衍生出許多社會性、倫理性的問題。由於這些問題無法單從科技面來解決，因此探討如何讓跨領域、跨行業的專家們一起合作解決問題的研究也開始出現。

AI 效應

儘管分成許多不同領域，但所有AI研究都是以最前線為目標。因此每當AI技術成功解決了一個問題後，人們便開始認為「那種事機器就能做到，不算『真正的』智慧」，而使得那項技術不再被歸類為AI。這種現象俗稱AI效應（AI effect）。

在以前，程式設計也被視為一種AI工作，但如今，大概沒人會把寫程式跟AI研究當成一回事。同樣的，「聊天機器人」等自動應答系統，還有「尋路」等推理系統也很少被當成AI來討論，它們早已在商業領域被實用化。AI研究的成果早已被我們的社會普遍使用了。

AI 研究的前線

思考定義或測量人類智慧的方法既是AI研究的醍醐味，也是其前線。

前一頁我們介紹了各種不同的研究領域，而引領著目前這波AI爆發的「學習型」AI，是用機率、統計的方式在認識、判斷事物的。換句話說，AI並沒有真的理解資料的意義（☞3-4）。「機器能否理解意義」（符號奠基問題（☞2-2））仍是第二次AI爆發以來的未解課題。

同時，要解決AI黑盒子問題（☞2-7），就必須去解釋AI的內部究竟發生了什麼事。關於這部分，仍存在著不論人類多麼努力都無法解釋的東西。

例如AlphaGo雖然只侷限在圍棋領域，但其智能已經超越了人類長年累積的知識體系。而現在科學家正致力於將AI所下的棋步，置入「人類至今的知識體系可以理解的範圍」中來「理解」之。

然而，現實遠比棋盤來得複雜。在醫療和軍事等特定領域，要想妥當地管理和應用AI，就必須先擁有用人類可理解的形式說明AI內部構造的技術（☞3-3）。而諸如此類的技術也是AI最尖端的研究之一。

通用人工智慧的挑戰和懸念

若AI研究就是在思考「智慧是什麼」，那麼這世上說不定還存在其他與我們現在所用的思考方式截然不同的「知識體系」。目前認為「無法說明」的事物，或許只是我們現在「還沒理解」而已。

在AI的前線研究中，也包括了如何將單一AI應用在多種領域，建構能夠自己設定並

解決問題的通用型 AI。現在的 AI 被定義為只能解決人類給定的特定問題的特化型 AI。假如 AI 像人類一樣具有通用性，即使沒有人類去一一設定要解決的問題，AI 也能自己尋找問題並加以解決。

雖然聽起來很像科幻小說的內容，但若能實現通用型 AI，那將能為人類帶來很大的好處。通用型 AI 只要管理得當，說不定能為人類打開全新的知識之窗。等到那一天來臨，相信探求「智慧是什麼」的 AI 研究領域將會變得更加廣大。

但另一方面，科學家也在研究超越人類智慧的「超級智慧（Super Intelligence）」出現的危險性。

不知未來學家們所宣稱的，將徹底改變人類與 AI 關係的科技奇異點（singularity）究竟何時會到來呢？

自主武器的懸念

儘管通用 AI 和超級智慧目前仍是「遙遠未來的科技」，卻不代表我們可以把問題都丟到以後再來思考。

其中一項「遠未來的科技」，就是在現實世界已經被人們擔憂的自主武器系統（Lethal Autonomous Weapons Systems：LAWS）。LAWS 的定義是不需要人類干預，即可自主設定攻擊目標的武器。儘管目前仍未存在這種武器，但要是有天被發明出來的話，恐怕將對人類社會帶來毀滅性的影響，因此聯合國舉辦了「特定常規武器公約（CCW）」會議，自 2014 年開始便在研議禁止此類武器的研發。日本的外務省也參加了 CCW 會議，並表明不會開發 LAWS。

然而，在軍事研究領域早已開始使用 AI 技術，開發無人機等武器。由於機器發現攻擊後進行防禦的速度比人類更快，所以有些國家已將 AI 引進防禦和防衛系統。假如這些武器已經可以自主地進行以防衛為目的的攻擊，那麼在某種程度上是否已可算是自主武器了呢？

諸如上述，包括 AI 與現存軍武的關係、國際法中的定位，以及攻擊時的責任歸屬等等，與 AI 的軍事利用有關的課題相當多。相反地，LAWS 的定義本身卻仍有模糊之處，導致這方面的討論困難重重。

第 3 章

探討 AI 技術的課題

面對缺少優質且大量的資料、
AI 的黑盒子問題，以及假訊息等課題，
AI 究竟該如何從技術面去解決呢？
本章將介紹著眼於 AI「學習」這一特徵的
最前線研究。

AI 系統的製作方法：用煮菜來比喻……

現在的AI已能處理現實世界的複雜問題。
然而，具備技術和環境，並不代表就能馬上投入應用。
「目的是否明確」、「是否有足夠的資料」、「事前準備是否完善」、
「使用者是否了解AI能做和不能做的事」等，
除了創造技術的人以外，使用方也必須了解這些問題。

①籠統的要求

　　像是「請開發一個可以提升公司業績的AI」這種籠統的要求，雖然近年或許已經比較少見了，但如果不把目的設定清楚，就無法開發出適合的AI。

　　目前的AI充其量只是實現目標的工具，能做到的事情還相當有限。所以使用方必須清楚描繪具體的使用目的（☞2-5）。

②就算有材料，不能用就是垃圾

　　即使準備好了紙本資料或PDF檔，還必須先把這些資料轉換成機器可以讀取的格式（事前準備）。還有，也必須檢查這些資料究竟是否契合想開發的系統目的。

④對料理本身的誤解

　　由於深度學習是一種機率性、歸納式的系統，所以無法保證每次都能產出最適切或一致的結果（☞3-2）。另外，即便精準度優秀，也依然存在運算過程的黑盒子問題等課題（☞2-7）。這些問題使用方都必須有所了解。

③對事前準備和計畫缺乏理解

　　就算有了適合的資料，也不等於可以馬上開始建構系統。在那之前還得確認資料有無侵犯他人隱私（☞4-8）、資料量是否足夠（☞3-2）、資料有無偏誤（☞4-3）等問題。有時還得加工原始資料，或是獲取新的資料。

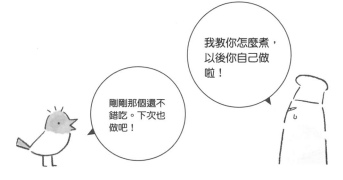

品質保證

機器學習的基礎是機率和統計。
使用符合目的且優質的資料，可以提高正確率和精準度，
但若混入奇怪的資料，準確率就會下降。
所以在提高資料量和品質的同時，還要定期檢查輸出結果是否符合目的。

持續學習的 AI

在機器學習中，所有的認識和預測結果都是以「%」等機率來呈現。而這個機率會隨著用來訓練的資料及所用的演算法而改變。

AI 的「學習」，講白了其實就是讓 AI 自動調整運算過程，以使產出的結果符合目的。那麼，究竟要達到多高的正確率（Accuracy）和精準度（Precision），AI 才會停止學習呢（☞2-5）？

由於最後判斷的是人類，所以有些 AI 大概 6 成的精準度就可以被接受，也有些 AI 必須要有 9 成以上才能投入應用，不同使用情

學到多餘的錯誤資料 !?

9 成機率是貓。

答對了！

果然是名師出高徒呢。

?

這是我畫的喔。

我沒教過它那麼醜的塗鴉，猜得出是什麼才有鬼！

境下要求的精準度都不一樣。

　AI在不斷學習的過程中，每一輪學習都會做出跟上一版本不同的判斷。換言之，無法保證每次都能得出最適合或一致的結果。

　另一方面，在實驗中也有人開發會不停學習下去的AI並投入應用。然而，也有些對公眾開放的實驗性AI，在被使用者餵入了開發者沒有預想到的資料後，引發了爭議事件（☞4-7）。

過適現象

　AI的學習不能沒有資料。但有批評指出，當輸入的資料存在問題時，AI就無法得出適當的結果。

　譬如，若只餵入少量的資料讓AI學習，當這些資料中存在離群值時，這個AI在解複

雜問題時就會出狀況。這種過度擬合學習資料的現象叫做過適（overfitting）。當過適現象發生時，就有可能產生出「雖然產出結果與學習資料的偏差很小，卻完全無法預測未知資料的AI模型」。

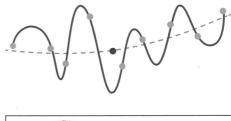

● 學習資料
● 未知資料
── 過適的模型
--- 合適的模型

精確度和即時性不可兼得

現在已投入各種服務或產品中實際應用的AI系統，在精確度提高到一定標準後，就會停止學習、投入使用。讓AI不再學習新資料，可以減少AI產出極端結果的機率，一定程度上確保產出的品質。

然而，在某些情況中，若不定期更新學習資料讓AI重新學習，產出的精確度和正確率也有可能降低。

譬如，用來預測消費者消費動態的AI系統，就會每一季更新客戶的消費動態，使AI能做出最適合的預測。

還有，在災難發生時用來處理「應指導群眾往哪個方向避難」、「應把物資送去哪裡」等最佳化問題的AI，也必須即時更新最新受災情況的資料。

在瞬息萬變的情境中，愈多最新的資訊，AI就愈能做出合適的判斷。

但相對地，若提高學習頻率和速度，每

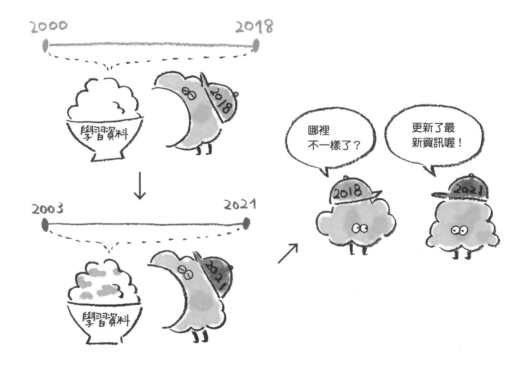

分每秒即時更新資料和演算法，會讓監督者沒有足夠時間審視系統的正確率和精準度，也可能反過來製造更多問題。

監督的重要性

如果想維持一個AI系統的正確率和精準度，就不能「放著不管」，必須在使用過程中定期監督（monitoring）結果是否符合目的，這是相當重要的。

有的公司像Google那樣，從企劃、實作到應用，都由一己之力完成，可以即時應對各種變化。但日本大多數的企業，都是將技術開發、提供服務及產品應用交給不同公司來執行的產業結構。這種結構被批評存在著難以發現問題、發現問題時沒辦法立即應變等，組織性的問題（☞6-6）。

企劃階段
我想提升營收。
那就輸入客戶動態的資料吧。

實作階段
希望精確度能再高一點。

應用階段
最近常常預測失準呢。
那就輸入最新的客戶動態讓它重新學習吧！

3-3

可解釋性與透明性

在深度學習中，由於存在著好幾層層層糾纏的網路，
有時會無法明確解釋AI評估或決策的內容。這就是俗稱的「黑盒子問題」。
為了解決黑盒子問題，科學家們正致力於研發可用圖像或語言
來解釋黑盒子中發生了什麼事的可解釋AI（Explainable AI：XAI）。

凸顯判斷依據

也就是讓AI在圖片上標示出自己重視的特徵，讓人類來解釋AI的判斷結果。

使用這種方法，當AI判斷出錯時，就可以透過重新學習新資料或改變演算法來進行修正。

用可解釋的模型去模擬

而另一種途徑，則是利用基於規則的系統（Rule-based system）等可解釋性高的系統。在基於規則的系統中，系統內發生的所有事都可以被人類解釋（白盒子）。

然後把這個白盒子的輸入和輸出結果調整至近似黑盒子AI系統的狀態，如此一來，就能用這個模擬系統（白盒子）的動作去解釋黑盒子的AI做了些什麼。

不過這終究只是模擬，所以也有人認為這種方法依然無法明確地解釋。

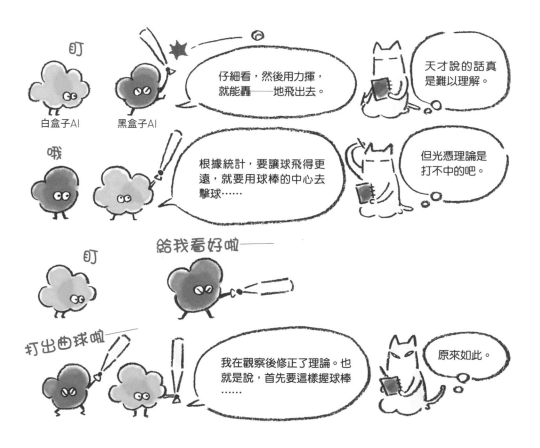

可解釋性與成本不可兼得

　　當一個AI系統變成黑盒子後，我們就會試著去解釋它。然而，要建構一個可解釋的AI，有時需要花上很高的成本。

　　在醫療或人事雇用等關乎人命或生計的重要場域，或許的確有必要追求AI的可解釋性。

　　然而，當AI的預測或提案只是給人類當作參考時，與其砸大錢去建構可解釋的AI，還不如把經費拿去提高AI決策的精準度。換言之，實務上會綜合考量使用目的、可利用的資源，以及使用者的需求來建構AI系統。

透明性的需求

　　光從技術面去解釋AI是如何運作的，有時很難消除大眾的不安和擔憂，導致AI系統難以投入應用。

　　問題的關鍵在於，當AI系統惹出麻煩的時候，究竟該由誰承擔責任？受害者能不能得到賠償？人類和機器的責任分配怎麼定？這些問題必須要有明確的答案（☞6-8）。

　　所以，AI系統除了可解釋性這種技術上的透明性外，還必須擁有責任歸屬等法律或制度上的透明性。確保透明性，方能確保社會大眾對AI系統的信賴。

那人類就是可解釋的嗎？

我們總是想搞懂如何解釋 AI 系統。但另一方面，人類的決策和行為動機就是透明且可解釋的嗎？譬如，不用 AI 系統，完全由人類來審核人事雇用，錄取的標準真就是完全透明且公平的嗎？

事實上，人事上錄用一個人的原因，可能是在校成績優秀，可能是應徵者恰好跟審查者同鄉，也可能是「在交談中感受到了某種氣質」等等。當錄用與否完全根據審查者的主觀和獨斷時，人類的決策可能遠比機器更不透明和模糊。

那麼，為什麼我們可以接受人類的不透明性，卻很難接受機器也是一個黑盒子呢？

可以解釋就代表可以破解

無論是機器還是人類，只要將判斷的基準量化，就有可能針對該標準進行破解。

舉例而言，若事先知道某人事雇用 AI 的審查標準是「若應徵者提及某個詞，就給予高分」的話，相信會有很多人開始在求職信（entry sheet）中放入那個詞。

如果是人類審查者，即使求職者提前擬定對策，也可以臨機應變更換審查標準，或是改變要問的問題。但只能做機械性判斷的 AI 系統沒有那種靈活性。單就這一點來說，AI 在面對針對性的攻擊時是非常脆弱的（☞3-5）。因此，在重要的場合往往還是傾向由人類進行最後判斷。

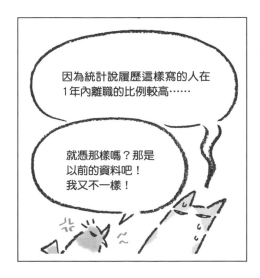

語意理解與常識

之所以有必要解釋 AI 的行為，是因為 AI 沒有理解語意和脈絡的能力。
AI 並不具備常識，所以有時可能做出人類意想不到的行為。
針對這個問題，科學家也在研究如何結構化人類的常識和知識，融入 AI 的學習中。

AI 到底在「看」什麼？

可解釋的 AI，就是運用各種方法去解釋 AI 到底是根據什麼來進行認識和預測。

而另一種途徑，則是藉由組合不同圖像來分析機器究竟是用什麼東西當成判斷的依據。

譬如下圖中，AI 判斷左圖有 81.4% 的機率是大象（的皮膚），而中央的圖有 71.1% 的機率是咖啡色的貓。

假如把這兩張圖合成為最右邊的圖呢？相信大多數的人類都不會用顏色或質感來判斷，而是根據形狀來回答是「貓」。然而，

AI 的答案卻是有 63.9% 的機率是「大象」。換言之，從這個結果我們可以得知，這個 AI 不是根據形狀，而是用質感和外觀來進行判斷。

當然，如果讓 AI 重新學習，把焦點放在形狀而不是質地上，也許就能減少這種問題出現的次數。不過，要是沒有這種實驗，人類就無法知道「機器究竟是關注什麼來進行判斷的」。也就是說，只要 AI 能正確回答左圖的「大象」和中圖的「貓」，人類就會以為「這個 AI 的學習方式並沒有問題」。

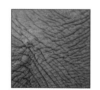

(a) Texture image
81.4%	**Indian elephant**
10.3%	indri
8.2%	black swan

(b) Content image
71.1%	**tabby cat**
17.3%	grey fox
3.3%	Siamese cat

(c) Texture-shape cue conflict
63.9%	**Indian elephant**
26.4%	indri
9.6%	black swan

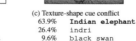

▲關注質感而非形狀進行圖像辨識的結果[※1]

AI沒有「常識」

AI沒有常識。有個實驗曾讓AI在賽艇遊戲中競速，用最快通過終點的AI可拿到最高分的方式做強化學習。結果AI在各種嘗試後竟想出了跑到賽道外截彎取直的方法，這是因為AI無視了「不能跑出賽道」的前提規則。

讓AI理解「為什麼錯」

AI已開始被應用在醫療和交通等，現實世界的各種場域。所以人們也開始要求AI，必須具有正確認識或預測複雜社會環境的能力。

因此，研發一個在得到「錯誤」回饋結果時能理解為什麼不對，並避免下次再犯相同錯誤，從中導出新疑問的AI，正變得愈來愈重要。

此類研究的途徑之一，是結合過去AI爆發期所開發的基於規則和基於知識的AI技術，以及現代善於統計的AI技術，還有即時性的資訊，來創造能夠理解語意的AI。

現代人對於AI技術，常常只看到機器學習和深度學習，但學術界早已在運用各種不同的AI技術，研究「更聰明的機器」了（☞2-8）。

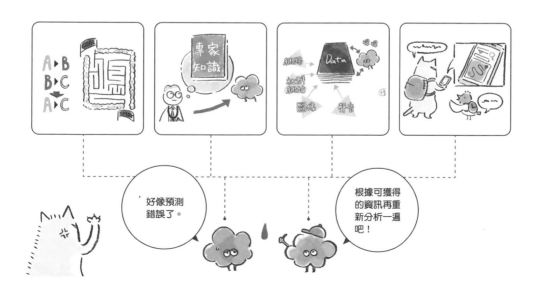

穩健性

要打造一個 AI 系統，光是開發者注意品質和可解釋性等問題是不夠的。
因為機器不能真的理解語意，所以很容易辨識錯誤或被欺騙。
必須讓 AI 在資料品質不一，或是遭遇外部惡意攻擊時也能正常運作，
做出符合預期的判斷。
而這種抵禦不均一性和攻擊的耐受能力，就叫穩健性。

欺騙 AI 的方法

有幾種方法可以針對 AI 的學習特性來欺騙 AI。本節將介紹這些方法中俗稱對抗式攻擊（Adversarial Attacks）的方法。

某 AI 判斷次頁左側的圖片有 57.7% 的機率是「熊貓」。而最右邊是將中央圖片的

不透明度改成 0.07 倍後，疊在左圖上合成的圖片。中央的圖片是一張經過特殊處理、將熊貓的特徵完全去除，並可讓 AI 在計算時最大化長臂猿特徵的特殊圖片。

人類看到右邊的圖，大概只會覺得「好像有點模糊」而已。但在 AI 眼裡，受到重疊後的中央圖片影響，會判斷右邊的圖片「有

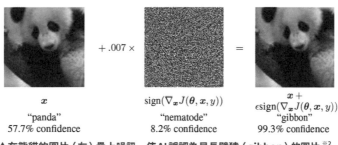

x
"panda"
57.7% confidence

$\mathrm{sign}(\nabla_{\boldsymbol{x}} J(\boldsymbol{\theta}, \boldsymbol{x}, y))$
"nematode"
8.2% confidence

$x + \epsilon\,\mathrm{sign}(\nabla_{\boldsymbol{x}} J(\boldsymbol{\theta}, \boldsymbol{x}, y))$
"gibbon"
99.3% confidence

▲在熊貓的圖片（左）疊上噪訊，使AI誤認為是長臂猿（gibbon）的圖片 ※2

99.3%的機率是長臂猿」。

■ AI上當的原理跟人不一樣

　　之所以發生這種結果，是因為AI辨識圖片的方法跟人類不同。人類的眼睛——正確來說是大腦，在看到噪訊時可以自動去除之，並用推理把缺少的部分補起來。我們也可以反過來利用這種修正機制來製造錯覺、欺騙人腦。譬如下面的漫畫，有些人類（或者貓咪也是？）受試者會在看到罐頭時，下意識地認為旁邊的工具就是開罐器。

■ 各有各的欺騙之法

　　另一方面，AI在辨識圖像時則是採用地

毯式掃描，從右上到左下全部平均地掃過每個畫素，然後從整體排列找出模式。因此，AI會把被人眼忽略的噪訊也平等地納入計算，因此上當。

目前也有團隊發表了「即使不在整張圖片加上噪訊，只要在圖片一角貼上可使特徵無效化的貼紙，就能騙過AI」的研究結果。

欺騙AI所導致的混亂

只是把「熊貓」誤認為「長臂猿」或許無傷大雅，AI被應用在現實世界的各種場域已是一種可預見的趨勢。

而在對AI的攻擊行為中，對社會影響最大的就是交通系統。下圖是AI將「停止」的號誌牌誤認為是「限速」的情況。原因在於，這面「STOP」號誌牌的文字下方貼著一張方形的貼紙。假如自駕車在馬路上行駛時，會因為這一張小小的貼紙就錯認交通號誌，實際上路後將會非常恐怖。

針對這個問題，儘管也有人想出連同敵

▲AI把停止（stop）標誌誤認成限速（speedlimit）標誌[※3]

意圖像一起學習等防衛方法，但還是無法完全防範。

另一方面，也有一種觀點認為「敵意圖像只要改變讀取距離和角度就會失效」。若是如此，因為車輛在馬路上會不斷移動，看到的標誌大小和角度也會改變，所以就不太需要擔心針對自動駕駛的攻擊行為。

然而，也有研究提出反對，演示了移動的自駕車在靠近貼有貼紙的號誌前，一直將「停止」號誌辨識成「限速45km」的情況。

使AI認不出來

除了主動妨礙辨識這種惡意攻擊之外，環境中的因子也可能導致AI辨識錯誤，或是無法正確判斷某事物。譬如影像上沾到灰塵或垃圾，或因照明角度導致圖片模糊不清時，AI就無法進行正確的辨識。

另一方面，現在愈來愈多城市開始在街上安裝具有臉部辨識功能的監視攝影機，因此，也有團隊正在研究如何針對AI的穩健性弱點，研發出讓人不被AI辨認出來的方法。

一如右頁上方的照片，左邊的人被AI正確識別為「人（person）」，但旁邊的人就完全沒有被AI識別為人類。右邊的人就是利用身穿特定紋路的連衣帽，來干擾AI的判斷。

而右側的人，就是應用這項技術，把可干擾AI辨識的圖案印在T恤上。這對AI而言，就好像穿上了多啦A夢的「隱形披

風」，可看出穿著這件衣服的人雖然在人眼看來很明顯存在，卻沒辦法被 AI 辨識。

使人不被 AI 認出來的技術，雖然可以在參與群眾運動、進行遊行示威時拿來保護自己，但也可能被恐怖份子等拿來利用，存在許多爭議。

▲左邊的人被辨識為人（person），右邊的人卻沒被認出來[4]

▲站在中央的人沒有被識別為人類[5]

「穩健性」就是不會被騙的意思？

「穩健性」的英文是 robustness。所謂穩健性高的系統，就是可以適應環境、應對意外狀況的系統。

除了主動欺騙等攻擊行為之外，還有在要辨識的圖畫沾到髒污時、房間的照明不佳導致影像模糊時能否確實辨認等，都是穩健性的相關問題喔！

生成

利用既存的資料生成新的作品，也是學習型機器獨有的特徵之一。
但這項技術也被用來開發可生成假圖片和假訊息的「深偽技術（deep fake）」，成為社會問題（☞4-7）。
儘管科學家已在研究識別假訊息的技術，但就跟惡意攻擊一樣，
在技術的惡用方面防護性技術很容易落後攻擊性技術。

具有惡意的生成網路（GAN）

　　讓 AI 學習圖像等資料來記住特徵，產生虛構資料的手法俗稱 GAN（Generative Adversarial Network）。這也是一種非監督式學習。

　　GAN 的原理，可以用做假鈔的人和抓假鈔的警察間的攻防來比喻。假鈔的製作者希望假鈔可以騙過警察，而警察則希望可以確實辨識出假鈔。因此，我們可以用神經網路製作兩個 AI，分別扮演假鈔製作者（Generator：G）和負責抓假鈔的警察（Discriminator：D）。

　　做假鈔的這方會根據資料的特徵來產生（Generate）近似真鈔的資料，而扮演警察的這方則會去判別（Discrimination）這張鈔票是真鈔還是假鈔。然後 G 會根據識別的結果，學習怎麼產生更接近真鈔的偽造資料，直到

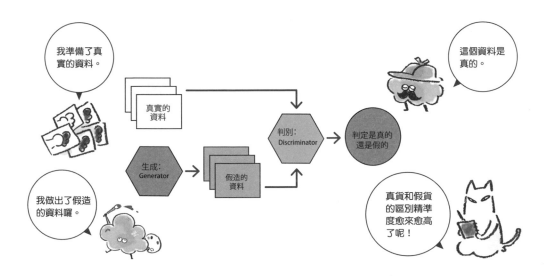

D無法正確識別、把假貨當成真貨。

　　這項技術有很多應用場域。譬如,它可以很高的精緻度生成不存在的臉孔、動物和風景。

[應用範例1:長相的變化]

　　現在已有App提供這種功能:模擬某個人的臉在不同年紀時的模樣。甚至連性別都可以改變。

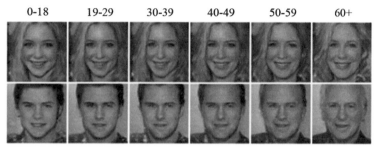

| 0-18 | 19-29 | 30-39 | 40-49 | 50-59 | 60+ |

▲從人臉照片去模擬不同年齡時的模樣[6]

[應用範例2:根據文字產生照片]

　　還有一種很特別的研究,則是讓AI依照文字描述來產生圖片。下面的圖片就是一張由「腹部和腿的根部是黃色,背部和翅膀是灰色,喉嚨和側頸是茶色的黑面鳥」這段文字所生成的照片。

[應用範例3:圖片的互換]

　　而對於同一張圖片,AI也可以將它的質感從照片轉換成油畫。譬如,就有研究團隊做出能把莫內的風景畫轉成現實照片風格,或是把馬的照片轉成斑馬的AI。在這項研究中,也可以反過來把現實照片轉換成莫內風格的畫作。

▲根據文字去產生圖片[7]

Monet → photo

▲將一張圖轉換成不同質感的圖[8]

自動產生文章的模型：GPT-3

GPT-3（Generative Pretrained Transformer-3）是一種利用非監督式學習，可以寫出自然文章的自然語言處理AI。此模型是在2020年由人工智慧研究組織OpenAI發布的，在當時曾引起許多討論。

在網路上學習大量文章來生成自然文章的技術，很早以前就存在了。但GPT-3的特點在於文字精準度非常高，被訓練成專門用來生成文章。GPT-3可在輸入簡短文句或程式碼後，自動產生接續的文字。

儘管GPT-3已能生成相當自然的文章，但有時還是會寫出奇怪的文章，或是往奇怪的方向接續內容，因此在自動生成時，還是會由人類進行適當的修正。

圖片和文章的自動生成，幾乎可以跟假圖片和假訊息的製作劃上等號。所以在發展相關技術的同時，一邊思考如何避免自動生成技術被濫用也很重要。

開發了GPT-3的OpenAI為了避免此模型遭到濫用，起初就沒有開放所有人使用，只供一小部分的研究者參與體驗。

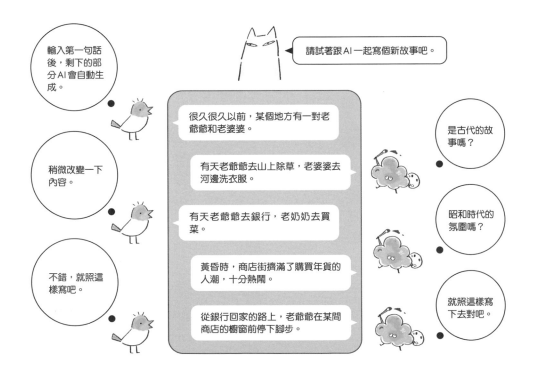

深偽資料與識別方法

在諸多機器生成的圖片和影片中，潛在問題最大的就是假造名人的臉，讓他們說出從未說過的話的假影片。這種利用深度學習（deep learning）技術製作的偽造資料俗稱深偽資料（deep fake）。

例如，就有人製作過前美國總統歐巴馬和Facebook（現改名為Meta）CEO祖克柏的假影片。這些影片乍看之下幾可亂真，很難判斷真偽。因此有許多人擔心可能被用來欺騙大眾，間接操控選舉或股市。

■ 辨識深偽資料

科學家已在研究，識破由GAN生成的虛偽圖像或影片的方法。例如下面的圖片，就是由專門使用GAN生成虛構人物照片的網站「thispersondoesnotexist.com（此人不存在.com）」產生的照片。

由於這個網站只專注於生成臉部圖片，因此產生的臉部照片有時會出現背景太模糊，或是圖片中跑出奇怪物體的情況。同時，產生照片中的服裝、眼鏡、首飾等裝飾物的形狀也可能發生歪斜。下方這幾張自動生成的照片，也都各有不自然之處。而在深偽影片中，也同樣會有人物做出不自然的眨眼或動作，抑或照明和陰影有不自然的地方。

然而，雖說是「假的」，但有很多依然難以被人眼區別，所以要完全識破相當困難。

因此人們也致力於開發可針對這種深偽資料，判斷真假的演算法。例如美國國防部的多媒體犯罪偵查研究機構便投資了辨識假影片的研究，可見深偽技術的破解在技術研究領域相當受到關注。

背景很奇怪。

旁邊的人臉扭曲了。

帽子和耳朵混在一起了。

頭上有個奇怪的東西。

▲ **thispersondoesnotexist.com 生成的照片**

遷移學習

訓練AI需要大量優質的資料（☞3-2），但現實中卻得面對
「能否取得那麼大量的資料」、「監督式學習中是否有能力製作大量的正確資料」、
「AI技術是否會被掌握大量數據的大企業壟斷」等各種課題。
本節將介紹專門應對這些問題的研究——遷移學習。

遷移學習

　　將AI模型的其中一部分轉移（遷移）利用的機器學習，就叫遷移學習。

　　用白話解釋，就是從已經訓練完畢的AI模型中，取出可以重複利用的部分，只讓它學習解決新問題特有的部分，藉此減少訓練的資料量、成本及學習時間，增加學習的效率。

　　正因為神經網路是多層結構，所以才能使用這種方法。

　　不過要注意，遷移學習也同樣只是從過去的資料來學習。儘管在過程中提供了新的學習資料所以很容易忘記，但在遷移學習中AI並不會創造出什麼跟過去學習過的東西截然不同的事物。

　　要留意，存在於既存學習資料或神經網路層中的資料偏誤也會被繼承下來。

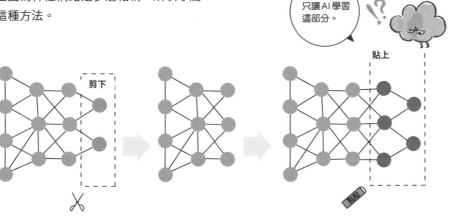

只讓AI學習這部分。

剪下

貼上

手塚治虫計畫

「TEZUKA2020 Project」中生成的漫畫角色，就是組合GAN和遷移學習的產物。

這個企劃利用GAN技術，讓AI學習了所有在手塚治虫作品中出現的角色的臉，自動生成模仿手塚治虫風格的虛構角色。

然而，在這項計劃之初生成的圖像，雖然看得到一絲手塚治虫的影子，角色的臉卻有很多歪曲或五官比例不平衡的問題，缺少了「人味」。有人認為，這是因為手塚治虫作品中的角色很少畫出正面的臉部。

因此，開發團隊反省：「漫畫本身其實就是將人類的臉2次元化後的產物，所以應該先用真實的照片讓AI學習人類臉部的結構，再讓它學習手塚治虫的漫畫。」

於是他們讓已經學習過3次元人類臉部照片的AI，對手塚治虫作品中取出的2次元人臉進行遷移學習，最後成功生成接近人臉的圖片。

研究團隊就這樣結合了GAN和遷移學習這兩項技術，讓AI模仿手塚治虫，創作出了全新的漫畫角色。

▼「TEZUKA2020」計畫所生成的角色

只用 GAN

©2020 NVIDIA Corporation
©「TEZUKA2020」Project

結合遷移學習和 GAN

©2020 NVIDIA Corporation
©「TEZUKA2020」Project

出典：https://tezuka2020.kioxia.com/

AI 民主化

讓 AI 變成任何人都能使用的東西，就叫做 AI 的開放化或民主化。
在機器學習社群中，從初學者到專家老手，大家都可以互相分享各種資訊。
隨著 AI 的民主化，AI 的使用和研發門檻將逐漸降低，
今後不只有大型企業，就連個人和新創企業也能開啟新的研究或提供服務。

■ 教學和研究論文

　　對公眾開放的講座中，如今也有不少機器學習相關的課程。此外，很多最尖端的論文也都能免費閱覽。

■ 開發工具

　　現在有很多機器學習的工具都免費公開，可訓練辨識或預測用的 AI。而且依照用途分為圖像辨識和自然語言處理等類型。

■ **資料**

　　機器學習不能沒有資料。關於人口和金融等統計資料，都有政府和研究機構的免費公開資料可以使用。其中也有像圖像、語言、地理位置等這些專門化後的資料（☞4-3）。

■ **社群**

　　目前已有幾個機器學習主題的競賽活動。參加者建構的模型都是對外公開的，活動本身也是參加者交流意見的場域。

就算家裡沒空間也沒問題耶。

開發工具也可以在雲端伺服器上跑。

■ **雲端服務**

　　雲端服務商備有可保存大量資料，並進行高速運算的伺服器供客戶使用，且只針對實際使用量收取便宜的費用或完全免費。即使初期經費很少，也能輕易整備好可用的開發環境（☞2-1）。

第 4 章

認識 AI 帶來的 社會問題

AI 帶來的社會問題無法單憑技術來解決。因為我們社會中既存的不平等和歧視，
也會滲入科技之中。本章將帶大家從科技和技術這兩個不同面相，
思考如何因應 AI 這面鏡子反映出來的各種社會問題。

迷偵探AI事件簿

AI可利用資料和演算法進行辨識、預測、生成和對話等工作。
然而，在複雜的現實社會中，AI有時會化為「迷」偵探。
因此，在利用AI時必須思考這項技術是否會損害某些人的利益、
有無被濫用的風險等，檢討科技與社會規範和制度的交互作用。

CASE1：誤認逮捕

2020年，美國密西根州曾發生過一起因臉部識別系統犯錯，而害一名無辜黑人男性被警方逮捕的事件（☞4-3）。

辨識

CASE2：偽造影片

現在有些不肖分子會偽造名人的虛假影片來干預選舉，或是傷害他人名譽（☞3-6、4-7）。2020年日本也曾破獲用深偽技術非法製作偽造色情片的案件。

生成

CASE3：預測和歧視

在美國，法庭已開始引進可預測罪犯出獄後是否會再犯的 AI 系統，卻發現系統預測的黑人再犯機率比白人高出很多。此外，用來審核人事雇用的 AI 也被發現存在貶低女性的問題（☞4-4、4-5）。

預測

根據我的預測，紅冠雞再犯率很高。

給我等一等！

這學習資料太偏頗了吧？

CASE4：歧視言論

在美國，曾有聊天機器人等可與人類對話的 AI 說出歧視特定族群的言論，引起群眾撻伐。

各國也開始出現督促政府立法管制仇恨言論的聲音（☞4-7）。

對話

（雞）這種生物全都是愛說謊的騙子。

是誰灌輸他這種偏見的？

出問題的原因

追根究底，設計AI的人類本身也存在著偏見。如果不解決人類的偏見和歧視，
那麼根據人類的活動和思想來設計或訓練的AI，也永遠無法擺脫偏見和歧視。
可以說AI就像一面反映人類社會的鏡子。

AI 變成迷偵探的
4 個原因

①資料的偏誤

有時問題出在學習資料的偏頗。舉例來說，假如學習資料全部都是成人男性的臉，那麼AI對女性和小孩的辨識機率就會下降（☞4-3）。

②演算法的問題

當輸出結果有偏誤時，有時可能是因為用了不適合的演算法。譬如模型明明是用來尋找具有異常特徵的人，卻使用用來尋找平均特徵的演算法，這時結果就會出現偏誤（☞4-4）。

③設計者的偏見

那麼，為什麼會選到錯誤的演算法，或是有偏頗的資料呢？這可能是因為搜集資料的人或演算法的設計者，沒有察覺自己的資料或演算法有問題（☞4-4）。

④社會的偏見

設計者為什麼沒有發現問題呢？很可能根本就沒有相關資料，或是整個社會都存在根深蒂固的某種偏見（☞4-4）。

從歷史來學習的機器有其極限

AI很擅長進行機率和統計性的計算。譬如，要用AI來預測哪些人可能需要接受特殊治療或看護，我們必須準備什麼資料呢？一般來說，我們會根據過去實際上有哪些人付了多少醫療費等資料，來預測什麼樣的人以後可能會需要接受治療。

然而，需要特殊治療或看護的人，現在真的都有受到應有的治療和照護嗎？這點必須打上問號。

根據一項國外的研究發現，用於預測哪些人會需要特殊照護的AI演算法，明顯低估了黑人接受醫療照護的需要。

而導致這個問題的背景，是由於歷史上、經濟上、文化上的因素，都讓黑人族群比較難去醫院看醫生。假如只看過去資料的話，便會誤判目前的社會狀況和人們的實際需求。

這或許可以說是種族問題根深蒂固的國家所特有的問題。然而，即便是在種族同一性很高的日本，也依然在性別、地區、社會經濟環境等層面上遇到相似的問題。

我們生活在一個多元的社會。無論是製作還是使用AI系統，都必須考慮搜集資料的人種、性別、能力、年齡、地區、宗教和社會經濟狀況等各種因素，並意識到其間的權力關係。

權力的問題

　　權力的英文是「power」，聽到這個詞，很多人會聯想到當權者對他人頤指氣使的形象。所謂的權力，其實就是一部分人利用自己優勢的立場，去定義什麼是對的、什麼是錯的。

　　近年來在日本也很流行「權力騷擾」這個名詞。在組織內，地位較高或話語權較大的人們，往往會在無意識間選擇可強化自己地位的資料和演算法，令社會中的歧視被進一步強化。

　　因此，在身分上擁有權力的人們，必須隨時去懷疑自己心中的「理所當然」。只可惜從許多的觀點來看，這都是一件非常困難的事。

無意識偏見
（unconscious bias）

　　人們很難去懷疑被自己視為理所當然的事，第一個原因就是俗稱「無意識偏見」的思維結構。無意識偏見，指的是我們通常不會察覺自己所處社群的特定思維方式和偏見，缺乏自覺。

　　換言之，我們之所以會主張偏頗的觀點、選擇有偏誤的資料或演算法，並不是出於惡意或故意，純粹是因為無知或沒有自覺而已。

　　因此，只要能夠有所覺察，我們或許就能修復偏誤的資料和演算法。

資料與資料集

AI 做出帶有歧視性、不公平的判斷或辨識,其中一個原因可能在於資料。
儘管有時開發者在發現問題後便迅速修復,但資料是人類社會所產生的,
所以也會遇到無法輕易修正的情況。本節將探討其中的原因。

學習資料和測試資料

要提升辨識和預測的精準度,必須讓 AI 學習適當的資料。其中,大部分可利用的資料會用於 AI 的訓練(訓練資料)。然後,剩下來的部分會作為測試資料丟給 AI,測試 AI 辨識和預測的精準度。假如發現 AI 的精準度不理想,就會調整資料或演算法再次學習(☞2-5)。

[案例:誤認逮捕]

若訓練資料全部偏向特定類型,辨識和預測的精準度就會降低。譬如,若只用白人的臉部資料來訓練,測試時對黑人臉部資料的辨識精準度就不會很高。

實際上在 2020 年 6 月,便曾發生一名無辜的黑人男性被臉部辨識 AI 誤認為通緝犯,遭到警察逮捕的事件。因此現在愈來愈多聲音反對警察機關引進臉部辨識技術。

修正資料偏誤的困難性

當辨識或預測的精準度不佳，或是發生歧視的時候，就需要重新檢討訓練資料。然而，一如在框架問題（☞2-2）中提到的，我們本來就不可能取得現實世界的所有資訊。

又或者，當資料本身很稀少、難以取得時，也可能沒辦法輕易修正。譬如罕見疾病或100年才發生一次的災難等資料，本來就無法大量取得。

不僅如此，若只因特定人種或性別的臉部資料不夠，就隨意增加資料，還可能侵犯個人隱私權，所以不能那麼做。

計算成本的代價

只要取得「優質」且「全面」的資料，就能讓模型進行更複雜的計算，增加計算的精準度。然而，現實中要取得那樣的資料需要花費很多時間和金錢。

此外，由於資料愈多，模擬起來就愈花時間，所以也需要運算能力強大的計算機。

假如這個AI服務是要投入商用，相信無論服務提供者還是使用者都希望盡可能壓低成本。此時服務商很可能會判斷，只要保證一定程度的精準度和正確性，就算資料不夠充分或不公正，不修正也無所謂。

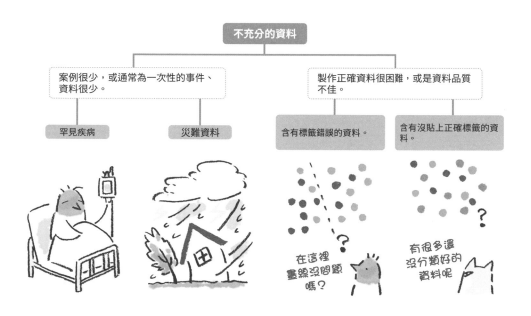

不充分的資料

案例很少，或通常為一次性的事件、資料很少。

罕見疾病

災難資料

製作正確資料很困難，或是資料品質不佳。

含有標籤錯誤的資料。

含有沒貼上正確標籤的資料。

在這裡畫線沒問題嗎？

有很多還沒分類好的資料呢

公開資料集

要進行充分的學習，通常需要數千至數萬的訓練資料。但想訓練 AI 辨認鳥的種類，卻用椅子或桌子的資料集來濫竽充數，AI 是無法做出正確判斷的。

還有，即使確實用了鳥的資料，裡面卻只有日本的鳥類，訓練出來的 AI 也無法辨認外國的鳥種。

為了幫助那些無法自己準備大量資料的開發者，許多機構都有免費公開且貼好標籤的手寫文字、動物及日用品等不同的資料集（☞3-8）。

這麼做不只是為了方便而已。使用相同的資料集，還有助於讓大家互相比較 AI 模型的精準度和辨識速度。因此，為了提升圖像辨識的精準度，市面上有很多這種免費且大量的資料集存在。

資料集的偏誤及更正

免費又大量的資料集雖然方便，但假如資料集本身有偏誤的話，訓練出來的 AI 也會

各種鳥類、貓咪和汽車的圖片

bird / cat / car / bird / cat / car

手寫的數字

0 1 2 3 4
0 1 2 3 4
0 1 2 3 4

動作影片

人臉

1LDK 3LDK

房屋資訊

X光照片

normal normal

blue t-shirt / glasses / red skirt

時尚

做出帶有歧視的判斷。

■ 資料中存在歧視性標籤……

2020年，MIT刪除了一組擁有8000萬張圖片的資料集。這組資料的內容是各種靜止的人物和物體，以及標示圖片內容是什麼的標籤。然而，有些女性的圖片卻標有「妓女」的標籤，有些黑人的圖片上也標有歧視性的字眼。

這是世界知名的研究機構所公開的資料集，所以大家傾向信任其中的內容；況且要把8000萬張圖片一張一張全部檢查一遍非常困難，因此自這組資料在2008年被公開到2020年被刪除這幾年間，從來沒有人發現這個問題。

■ 網路是反映社會的「鏡子」嗎？

除了資料集以外，我們還可以從網路上取得許許多多的資訊。然而，在網路上取得的資訊，並不能精準反映出現實的世界。網路並不是一面「鏡子」。

舉例來說，維基百科（Wikipedia）上的資料也曾被拿來當作AI的訓練資料，但維基百科的女性編輯者很少，因此一直以來都有聲音批評維基百科的內容存在偏見。同時，登上維基百科的女性人物數量也比男性少很多。所以把維基百科的資料拿給AI學習，有可能會訓練出一個帶有性別偏見的模型。

何謂優質的資料？

一如前文所述，除了演算法之外，思考資料本身的可靠性也很重要，但有時問題的根源在於社會本身的扭曲（☞4-2）。

例如假新聞（☞4-7）等虛假資料的出現，使得網路上的資訊可能比現實世界更加扭曲。如何保證取得的資料是「優質」和「正確」的，是製造高精確度的AI不得不面對的課題。

精確度和公平性的天秤

增加優質的資料，就要花費更多的金錢和時間。所以要顧及公平性，比如調整手中資料的性別、人種、能力等屬性，對資料進行篩選的話，可用資料的總數必然會減少。如此一來，將無可避免地導致模型的精確度降低。

精確度和公平性究竟要以何者為優先，答案也與AI的使用目的相關。由於AI無法保證總是100%精確的，所以必須持續進行監督（☞3-2），或者由人類來做最後的決策，思考如何結合技術和諸如此類的配套制度愈顯重要。

演算法與社會問題

由於機器學習的基礎是統計學，
因此做出的辨識和預測，皆以過去和未來不會改變為前提。
換句話說，當前社會存在的歧視和偏見也會繼續被複製。
人類的角色不是從過去形塑現在，而是去思考要創造什麼樣的未來。

設計者缺乏多元性

　　除了已普遍存在於社會上的資料以外，當社會結構本身存在偏差時，也會產生問題。譬如，全球科技業的女性從業人數一直以來都相當稀少。還有，長期以來都有人指出，能考進工學名校的大多是富裕的都市人。諸如此類的科技界單一性，都會造成無意識的偏見（☞4-2）。

演算法的調整

　　即使能夠發現無意識的偏見，接下來還得思考該如何調整資料和演算法。

公平的難處

2018年10月，新聞報導亞馬遜公司放棄開發人事雇用AI。因為他們發現AI會優先錄用男性應徵者。

OFFICE

NG

女大畢業

如果用履歷表當學習對象，就會訓練出若履歷表含有女子大學畢業或女子網球部等關鍵字，就會被扣分的AI。

■ 偏見會被複製

現實世界的多元性愈來愈豐富，但網路上卻還存在很多舊資訊沒有被更新。譬如在英國，目前已有47%的新聞從業者是女性，但搜尋網站上關於新聞從業者的圖片資料，卻只有33%是女性。假如用這個過時的資料來訓練AI，性別的偏見就會被進一步複製（☞4-3）。

除了網路的例子之外，現實世界的雇用傾向也有相同的現象。而只能根據過去資料來學習的AI，是無法提出可改變既有社會結構的方案的。

換言之，到頭來，我們到底想生活在什麼樣的社會、重視什麼樣的社會價值，這些問題無法透過去的資料來分析，仍必須由人類來設定。

■ 如果你是開發者會怎麼做？

假如你是搜尋引擎的開發者，又或者是企業的宣傳部門主管或經營者，在發現上述於英國研究中發現的現實和網路上的性別比例不正常後，請問你會採取下列哪一項行動呢？

1 因為修正資料很花錢和時間，而且又沒有產生什麼大問題，所以乾脆不調整資料和演算法，保持現狀（女性搜尋比維持33%）。
2 調整訓練資料和演算法，直到結果符合當前的性別平衡（使女性搜尋比變成47%）。
3 調整訓練資料和演算法，直到結果變為理想的性別均衡比（女性搜尋結果佔50%）。

我不知道～～

但調整資料，把相關屬性等變數拿掉，判斷精準度又會下降，所以乾脆放棄研發（☞4-3）。

技術人士社群

即使不指定性別，「盡量錄用技術人士」也就幾乎等於盡量錄用男性。

因為「技術職員男性居多」是一個社會本身存在的問題吧。

良好社會的定義

為了訓練AI做出公平的決策，勢必要調整資料或演算法（☞4-3）。但在調整的時候，究竟該以什麼為基準呢？

此時，我們有時會使用建立良好社會或良好AI等標語。那麼好（Good）又是什麼意思呢？對此，我們必須思考這個「好」是對誰好，什麼樣的狀態才是好等條件。

另外，除了公平之外，也有一些理論以平等、公正等其他價值為基準，而這些名詞的意義也同樣充滿歧異。

以平等來說，就分為大家起跑點都一樣的「機會平等」，以及大家同時到達終點的「結果平等」。從這個例子可以看出，追求的價值不同，選出來的資料和演算法也不一樣。

■ 平等與公平

平等（Equality）和公平（Equity）也是不同的概念。所謂的平等，指的是不考慮個人的能力、資源及經驗等各種條件和狀況，對所有人一視同仁，給予相同程度的協助。但結果就像下圖所示，會導致有些人採得到樹果，有些人採不到樹果。

另一方面，公平則是依照個人的狀況和特質給予相應的協助。結果就是，所有人最終會得到相同的恩惠。然而，這種公平有時會造成只有特定族群取得極大量的協助，在其他人看來反而會感受到「不平等」。

不過，有研究指出，現代社會的各種階級差異愈來愈大，並不是因為需要特殊援助的人（下圖最右者）受到太多幫助，而是因為社會結構讓既得利益者可以拿到愈來愈多的恩惠。

機會平等／結果平等

平等／公平

平等　　　公平

演算法的公平性和
倫理性AI的研發

要決定搜集資料和選擇演算法的判準，必須先想清楚我們未來想實現什麼樣的價值和社會。

還有，不論是想實現機會平等還是結果平等，都可能遇到資料不足而窒礙難行，或是成本太高難以實現的現實問題（☞4-3）。

尤其對企業來說，若想壓底成本進行研發，就更沒有動機刻意砸入大把時間和金錢去確保資料或演算法的公平性。

■ AI系統也需要公平性

然而，由於AI已逐漸被引進醫療和雇用等各種領域，除了經濟上的價值之外，即便花費大量時間和金錢，也要開發有能力避免帶有歧視的決策、做出公平判斷的AI系統，認同這項理念的人愈來愈多。而這在外國也與性別平等和BLM（黑人的命也是命）運動等息息相關。

現在，呼應聯合國提出的永續發展目標（SDGs）思想，在AI研發領域也開始重視消除資料和演算法的偏差，以及與各種不同專長的人們一同討論社會價值的重要性。

逢場作戲的道德漂白

在使用者和投資研究開發的投資人，都開始重視AI的公平和倫理議題的浪潮之下，有一派人則相信「AI的倫理議題可以單純靠科技來解決」。

一如前面介紹過的，只要改變訓練資料或演算法，AI的決策就會跟著改變。因此，有一派理論認為可以藉由改變手中的資料和演算法，從技術上解決問題，這種觀點常被稱為道德漂白（Ethics washing）。

這個詞衍生自「漂綠（Greenwashing）」，用來形容公司或政府等組織骨子裡根本不重視，卻打著環保口號來改善自己形象（虛情假意或陽奉陰違）的做法。

但為什麼主張可藉由改變資料和演算，來使AI做出平等或公平決策的觀點，會被批評是虛情假意呢？因為這種做法很多情況下看似解決了問題，實際上卻只是掩蓋了背後的社會問題。譬如，司法機關等機構真的可以用AI來裁決嗎？又或者，假如判斷是「公平」的，就可以將AI投入社會監控等用途嗎？

AI無法從人類社會和人類的權力關係（☞4-2）單獨切離，因此，在開發時一併思考根本的目的和設計十分重要。

思考電車難題

電車問題有很多變形版本，但最經典的形式如下：

> 假設你眼前有個可以改變列車軌道的操控桿。若電車沿著原路線前進，將會輾死躺在鐵軌上的5個人。但如果你拉下操縱桿改變電車的路線，就會輾死另一條軌道上的1個人。請問你會如何行動？

另外，這個情境下兩條軌道上的人質條件，也可以從數量改成老人和小孩、親友和陌生人等等，藉由比較兩條軌道上的條件，來迫使回答者決定哪一邊的生命可以被犧牲。

道德機器計畫

MIT曾在網路上做過一個大規模實驗，把電車難題的電車改成了AI自駕車。這項研究的名稱是道德機器（Moral machine）計畫，它在題目中丟給回答者以下難題：

> 正前方的車道突然被擋住，只能選擇把方向盤往左或往右轉，但往右轉會撞到1個人，往左轉會撞到5個人。請問你認為自駕車應該往左轉還是往右轉？

網站上會分別把兩種狀況顯示在畫面上，選擇其中一個結果後，會再顯示另一組不同的條件。

MIT的這項實驗所設定的條件，除了人數外，還有路人的年齡、性別、物種（也有犬或貓）、社經地位等等，並統計了所有參加者的答案，建立了普遍的「倫理性價值」。這個結果是根據233個國家和地區的人們，所給出的4000萬份答案總結而成。

分析的結果顯示，不論來自哪個年齡、性別、還是國家，大家比起動物，傾向保護人類的性命，比起人數少的一

方，更傾向保護人數多的一方。但在其他項目中，歐洲和北美、日本、中南美等各地區的傾向則存在差異。

認識機器的判斷依據
──給現實的提示

另外在這個實驗中，似乎也有很多人會選擇不往左轉也不往右轉，犧牲坐在車上的自己來拯救路人。

然而，請問你願意乘坐一台，在遇到這種情境時會選擇「犧牲乘客優先救路人」的自駕車嗎？面對這個問題，大多數人都回答「不會」。

這種思考實驗給了我們重新思考人類道德觀和人機關係的一個機會。非常符合道德機器（讓人思考道德問題的機器）這個名字。

現在，不只是自動駕駛，在醫療診斷、軍事決策、政治決策等領域，也存在很多就連人類也感到左右為難的情境。而在未來的世界，我們很可能會依靠包含AI在內的機器，來幫助我們進行此類決策。

此時，如果身為使用者的我們，沒有機會去了解我們所用的AI是學習了哪些資料、根據什麼樣的演算法來行動、中間又反映了何種社會價值的話，就無法正確地利用這些機器。

改變糟糕設計的換位思考

我們在面對「要往左還是往右」這種選擇題時，很容易陷入「只能從中選擇其一」的思考陷阱。

然而，逼迫人們進行這種苦澀抉擇的系統，雖然在思考實驗中很有用，但在現實世界裡卻是一種「糟糕的設計」。

現實中，我們該做的不是去選擇「往左或往右」，而是換個方向，去思考「要如何設計機器，才不會陷入需要進行兩難抉擇的情境」（☞6-4）。

A和B只能選擇其中一個的兩難情境，在前面的章節也曾出現過。像是精確度和即時性（☞3-2）、可說明性和成本（☞3-3）、精確度和成本（☞4-3），以及精準度和公平性（☞4-3）等等。而現在我們所追求的，正是能夠兼顧兩者的設計。

剖析建檔

我們每個人都擁有國籍、性別、居住縣市、畢業學校等,歸屬於各種社會團體。
除此之外,AI 還可以透過我們在社群網站上的發文、
購物網站的消費紀錄等資料,分析出我們的興趣和喜好。
而根據資料來分析、預測個人的行動或喜好,就叫做剖析建檔(profiling)。

我是誰?

請問,你會如何評判一個第一次見面的人呢?當我們對一個人的資訊掌握不夠充足時,通常會用他所屬團體的統計資訊來推測他是什麼樣的人。而根據統計資料來決策,正是 AI 最擅長的領域。

■ 統計性歧視

但另一方面,用統計資訊來做評斷,因為會直接吸收社會既有的偏見,所以也會複製社會上的歧視。

即使不直接詢問一個人的性別、人種、出身等資料,有時仍會因為其他要素和關聯項目的相乘作用,導致結果複製了歧視。

　　就像下面的漫畫所示，若居住地區與治安、個人財產、教育程度等建立一定程度的關聯，那麼不論一個人的能力或資質如何，也可能只因為住在某個地區就受到不好的評價。

[案例：預防再犯風險]

　　美國某州曾運用過去的犯罪資料，來預測罪犯再犯罪的可能性。而法官也會參考這個系統的預測來進行判決。但後來有人批評這個系統對於黑人的風險評價明顯高於白人，因此上訴至該州的最高法院。結果法院判決使用該系統是「合憲」的。

　　然而，最高法院同時也表示，系統終究只是用來當作人類判斷的參考，身為人類的法官仍應考量犯罪情節和個人所處的環境等

▼再犯風險

	白人	黑人
系統預測再犯率很高，但實際上並未再犯的比例	23.5%	44.9%
系統預測再犯率很低，但實際上再犯的比例	47.7%	28.0%

其他資訊，且使用者必須清楚知道該系統的評判具有種族偏見。

　　機器就算是24小時全天工作也不會有疲倦的感覺，而且能夠讀取大量資料的優點（☞6-3）。為了聰明地使用AI，專家們必須確實理解AI的原理和限制再來使用。

臉部識別AI和剖析建檔

不只統計資料可以用於剖析建檔。前面的章節我們介紹過使用臉部圖片的誤認問題（☞4-3），除此之外，還有另一個引起爭議的案例，就是用臉部圖像資料替群眾剖析建檔的研究。

■ 用臉部特徵能辨識罪犯？

譬如，2016年中國的研究者發表了一篇研究成果，讓AI學習罪犯和普通民眾的身分證照片，來預測、識別出「可能會犯罪的人的長相」。這種方法的邏輯，就跟「面相學」認為人的心理活動會反映在外表上的理論相似。

以面相學為基礎，認為犯罪者具有某些與生俱來的外貌特徵的「生來犯罪學說」早已在科學上遭到否定。然而，運用大數據分析的新科學技術，卻再次讓這種思想死而復生。而且還利用預防犯罪的名義侵害人權，從人權的角度看來，這種做法是絕對不被容許的。

■ 從臉部特徵看出政治傾向？

在美國，甚至有研究嘗試從臉部特徵來判斷，一個人是支持共和黨還是民主黨。

■ 從臉部特徵看出性取向？

也有研究成功藉由分析臉部圖像資料，來準確地辨識一個人是不是「同性戀」。據說這個演算法可以用81%的準確度辨識男性，用74%的準確度辨識女性。此項研究從許多觀點來看，都會引起道德和社會層面的問題。

首先，性取向本身就是個人隱私的層面（☞4-8），第三者沒有權力隨意揭露他人的性取向。對於男同性戀、女同性戀、雙性戀與跨性別者（LGBT／LGBTQ+），未經本人同意就任意揭露對方性取向的行為，叫做「被出櫃（outing）」。2015年時，日本的一橋大學就曾發生有學生被出櫃後自殺身亡的憾事。

此外，也有些人可能並非刻意隱藏自己的性向，而是沒有自覺，或是兩者皆非。對於這樣的人，只因AI推測對方可能是同性戀者，就任意貼上標籤，此種行為也大有問題。

就算AI的精準度再怎麼高，也不是100%，在無法保證資料多元性和充足性的情況下，不只是本節提到的案例，所有剖析建檔的行為都會造成社會和道德上的問題。

■ 可辨識情感的AI

近來，臉部圖像資料也可用來準確地辨識人類的喜怒哀樂。

由於情緒資料在商業上存在利用價值，因此認識人的情緒，甚至將人們的情緒引導、操作至特定方向的技術，愈來愈有市場

需求。

此外，在某些國家甚至還做了實驗，發現在上課時利用臉部識別技術判斷學生對上課內容的理解程度，以及是否對課堂感到無趣，可以有效提升學習效果。

另外，在不同文化和情境中，人們表達感情的方式都不一樣，並且操作、引導人們的情緒這件事本身也存在道德、社會上的問題。

■ 應用上的爭議

然而，臉部識別系統本身對於特定人種和性別存在精確度的問題，所以在公部門是否該使用這點上存在爭議。即使是在商業和教育領域，也必須考慮當人們「不想被辨識」的時候，是否存在可將他們排除到識別對象以外的機制。

社會的分裂

AI 很擅長提供針對個人客製化的服務。
然而，這麼做可能會剝奪人們接觸不同資訊的機會。
現在這種同溫層現象正因社群網站的作用而加速，可能會帶來社會的分裂。
因此在重要的社會議題上，科學家也在研究如何避免提供同質化的資訊。

為你推薦

相信大家在網路上買東西時，都有過被網站彈出「推薦商品」的經驗吧。事實上，就連新聞網站也一樣，不會對所有人推薦同樣的新聞，而會利用演算法，把針對個人客製化的「推測你想看的新聞」放在列表最上方。

這種「推薦」做法會將人們的行動和思維往特定方向引導，稱為「助推（nudge）」現象。

我們的社會充斥著各種助推現象，而使這一切成為可能的，便是分析大量瀏覽紀錄和消費紀錄來為我們推薦商品的AI。基於AI的剖析，AI的擁有者不僅可以預測人們的思考習慣和喜好，甚至還有可能進一步去操作、引導。

過濾泡泡

針對個人客製化的「推薦商品」和新聞十分方便。然而，這種演算法也會阻擋掉那些與我們不一樣的見解和我們不想看的資訊，讓我們被包裹在我們喜歡的資訊中。

這種狀態就像有一層泡泡（bubble）替我過濾了所有外界資訊，所以又叫「過濾泡泡」（即現在常聽到的「同溫層」）。這個現象之所以會構成問題，是因為人們不容易發現自己身在泡泡中，容易以為其他人也跟自己待在同一個泡泡中，接觸到相同的訊息。

然而，實際上資訊提供者給予每個人的資訊可能都不一樣。而這麼做會使原本就存在的社會分裂更加嚴重。

確認偏誤

不僅如此，人類具有「只看自己想看的東西」的傾向，這種傾向叫做「確認偏誤」。例如，即便某個訊息是假的，只要這個訊息迎合了自己的想法，人們就會選擇相信它。

當一個人身邊都是跟自己有著相同想法和喜好的人，他的想法和信念就會被增強（回音室效應），認為自己的想法才是真理。

而這種現象使得假訊息更容易散播，也導致仇恨言論蔓延（☞4-7）的問題。

面的例子：

[案例：選舉干預]

在美國總統大選中，人們常常利用社群網站和影片網站來表達對總統候選人的看法。由於看到訊息的人通常會立刻在底下回覆，可以迅速得知群眾的反應，故很適合調查人們喜歡看到什麼樣的發文和影片。

因此，在 2016 年的選戰中，有研究團隊做了一個實驗，根據社群網路使用者的個人資訊，對個人喜好和特質進行剖析建檔，然後將最可能契合該用戶想法的影片包裝成共和黨的競選廣告來推送（Microtargeting，精準投放）。

這嚴格來說並不算是在發送假訊息，只是針對不同的人發送不同的共和黨宣傳而已。然而，此項戰略卻激化了社會價值的對立，導致社會的兩極化。

- 對於跟選舉和政策等公共事件有關的資訊，不將來自個人網站的資料放在搜尋結果前幾名，而採用來自公共部門提供的資訊。
- 對於跟政治意見對立的事件或事故有關的資訊，盡量將政府的官方訊息和大型新聞媒體的新聞放在搜尋結果前幾名。
- 對於醫療、健康、外交等專門領域的資訊，盡量將醫療機構和國家專門機構的資訊放在搜尋結果前幾名。

防止社會分裂的方法

不只是選舉，之前還曾發生過在網路上搜尋「納粹大屠殺」，結果搜尋結果的頭幾名竟出現「納粹大屠殺不存在」等，個人主觀見解文章的事件。

因此，為了讓搜尋引擎的演算法保持公平和中立，開發者們研發了許多技術。例如下

針對關心他人和協調性強的人，就推送為了孩子的未來打造強大美國的廣告。

針對容易擔憂和不安的人，就推送展示美國在反恐方面具有強大領導力的廣告。

假訊息與仇恨言論

有時使用有偏誤的資料，會產生帶歧視性的訊息和不符合事實的新聞。
另外，只要運用 GAN（☞ 3-6）技術，就能輕鬆生成虛假的圖片和影片。
AI 創造的假新聞和仇恨言論，正逐漸成為一項社會問題。

[案例：聊天機器人 TAY]

聊天機器人是利用 AI 來進行自動對話的程式。微軟公司曾開發出一個名為 TAY 的實驗用聊天機器人，並開放大眾自由跟它聊天，來蒐集對話資料。

然而，卻有使用者惡意利用 TAY 的學習機能，訓練 TAY 說出「希特勒萬歲」等爭議性的言語，令微軟中止了這項實驗。由此案例可知，仇恨言論不只是 AI 開發者的問題，也很考驗使用方的良知。

[案例：深偽技術]

所謂的深偽技術（deepfake），是結合深度學習（deep learning）和偽造（fake）兩個英文字創造出來的新詞。利用 GAN 生成的圖片和影片，已精緻到乍看之下難以區別真假的地步。

目前已有不少人運用深偽技術，把名人

的臉合成到成人影片來牟利，或是捏造政治人物或企業家的發言。而且現在任何人都能透過社群網站快速散播圖片和影片，並使之長久留存在網路上，令假影片和假圖片逐漸成為一項社會問題。

仇恨言論的因應

在歐洲，政府已立法管制假訊息和仇恨言論（針對人種、國籍、性別、職業及外貌等，個人或團體的特徵進行誹謗中傷的發言或文章）的散播行為。

若發現有人在網路上發送虛假情報或攻擊特定個人，任何人都可以要求社群網路的經營公司或平台（☞6-4）進行刪除。

但假訊息的種類各式各樣，因此也有人擔憂過度的管控會妨礙表現和言論自由。

另一方面，科技界也從技術面思考解決方案。譬如，有團隊正在研究如何利用AI自動識別明顯的惡言或歧視性字眼，來找出仇恨言論。在這項研究中，研究者們還開發出不只能辨識明顯歧視字眼，連隱喻或暗諷的表現也能抓出來的技術。而針對深偽技術的部分，開發者們也在摸索如何識別偽造圖片和影片的特徵，為使用者提供警示。

打假團體

現在全球已有超過160個專門檢測假訊息的打假團體。同時，人們也在嘗試利用機器學習和自然語言處理技術來檢測假訊息。

AI一方面能從社群網路學壞，另一方面也能用來解決社群網路上的問題，可見AI和社會的關係是多麼錯綜複雜。

隱私與個人資料保護

只要得到一個人的詳細資料，就能為其提供客製化的服務。
然而，這麼做也可能會侵犯到個人的祕密和隱私（privacy）。
因此人們也在思考如何運用AI系統和法律制度，保護隱私和個人資訊。

雲端和邊緣

　　雲端運算可以在雲端上處理數量龐大的資料。

　　另一方面，邊緣運算則是指，在使用者手邊的設備上進行運算，具有不會產生延遲、安全性高、可保護隱私等好處。

雲端運算

邊緣運算

■ 聯邦學習

研究者們想出了一種用邊緣運算的形式讓 AI 學習的聯邦學習（Federated Learning）技術。

這種方法是將機器學習模型下載到使用者的電腦或手機上，直接用使用者裝置上的資料來進行機器學習。這麼做就不需要把資料傳送給別人，只需把模型的變更處傳送到雲端伺服器，並合併其他設備的學習結果來改良機器學習。

個人資訊

所謂的個人資訊，就是可在法律上識別一個人的姓名、出生年月日、住址等資料。此外，還包含敏感個人資訊，像是病例、信仰等，必須特別小心處理的情報。

網路上的瀏覽紀錄和消費紀錄、搜尋紀錄、地理位置等資訊，在廣義上也屬於個人資訊（Personal data）。

搜集各種不同的個人資訊，雖然可以提供更加貼心周到的服務，但也必須思考搜集者是否有權任意使用這些資訊、這些資料屬於誰等問題。

■ 匿名加工情報

在 2017 年，日本頒布了新的個人資料保護法，引進了「匿名加工情報」的制度。這項制度規定企業必須對所有個人資料進行匿名化處理，使其無法用於識別個人，在促進個人資料運用的同時，也為個人資訊提供了保障。

隱私權

所謂的隱私權，在過去被視為一種保護個人祕密不被曝光的「被動權利」，但在現代已被提升為「只有當事人有權管理和控制當事人資訊的權利」。作為這種控制權的一環，近來請求網路業者消除網路上對自己不利之資訊的權利（刪除權）也逐漸受到重視。

▼個人資訊的種類

> 病例、　信仰、　人種、　前科等
> **敏感個人資訊**
>
> 年齡、性別、姓名、住址
> **個人資訊**

瀏覽紀錄和消費紀錄、搜尋紀錄、地理位置等
個人資料

▼匿名化處理的範例

・名前：刪除
・年齡：56 歲　→　50 至 60 歲
・住址：東京都文京區本鄉 7-3-1 →
　　　　東京都文京區

※母數太少、無法確保匿名性的資訊，則會加工成「其他」項目。

資訊安全

網路空間充斥著各式各樣的攻擊。
AI連接網路時,也同樣暴露在意圖用非法手段獲取資料的攻擊行為下。
因此,AI服務和系統必須思考資訊安全對策,
但要實現這點不能只從技術面著手,也必須改造組織及個人的資安意識。

是誰,又為什麼攻擊我們?

網路攻擊的目的和理由,可能是出於興趣或自我挑戰等愉悅犯罪,或是謀財獲利,甚至是國家或軍事目的,種類繁多。

假如是愉悅犯罪或謀財目的,只要設下牢固的防禦措施,對方便可能因為攻擊成本和報酬不成比例而放棄攻擊。

然而,如果是出於國家或軍事目的,就可能會不計成本也要取得資料或攻破防禦。

近年除了以病毒感染等傳統攻擊手段之外,就連散播假新聞等方式也被視為一種網路攻擊。

AI和網路攻擊

AI現在逐漸被應用在自動駕駛和醫療器材等領域上。同時,在虛擬和現實世界融合的空間中,即使AI本身是在現實空間運作(如機器人),也必須防範來自網路的攻擊。

譬如,對方可能會利用網路攻擊奪取自駕車的控制權、在盛夏時關閉空調、把馬路上的紅綠燈通通改成綠燈等,用各種可能的手段威脅我們的生活安全。

而AI愈是融入我們的生活,網路攻擊能造成的傷害就愈大。

我要駭進大公司試試自己的實力。

我要偷取企業的技術資料或個資,勒索贖金。

我要竊取他國的軍事機密或情報,或散布假訊息擾亂社會。

愉悅犯　　　　牟利目的　　　　國家、軍事目的

■ 針對 IoT 機器的攻擊

　　那麼具體來說，對方可能會以何種手段發動攻擊呢？目前研究團隊已發現了幾種出人意料的可能攻擊手段。

　　2019 年，有團隊發現可以用雷射光照射手機的麥克風部分來入侵手機。即使相隔100公尺，只要利用望遠鏡頭發射雷射、照射手機的麥克風部分，便能產生電子訊號，讓 AI 以為收到了聲音。

　　而研究團隊也成功用這種方式，打開了上鎖的車庫門。這種技術就叫做光指令（Light Commands）。

網路攻擊手段的多元性

　　從技術面應對網路攻擊很重要。然而，除非對方是愉悅犯或想挑戰自己的身手，否則攻擊者不一定會正面運用技術手段發動攻擊。

　　事實上，從很多案例可以發現，網路攻擊中最容易被攻破的空隙，反而是人類自己。

■ 網路釣魚

　　所謂的釣魚，就是運用巧妙的話術來誘使人們洩漏重要的情報。不論科技上的防禦多麼堅不可摧，一旦要保護的人缺乏安全意識就沒有意義。在網路空間上做得滴水不漏，但在現實中卻漏洞百出，那就本末倒置了。有很多種攻擊手法都是針對人類的心理漏洞。

雷射的話就算隔著窗戶也能攻擊，很危險耶！

　　譬如，某個人拿著咖啡假裝熟稔，笑臉盈盈地告訴你「外面的人拜託我把咖啡端進來」，結果你就讓他隨便進入辦公室，這種手法就非常適合用來攻擊大型組織或進出者眾多的組織。

　　還有，假如只是要獲取資料，那麼不攻擊資安對策萬全的上游企業，轉而攻擊下游外包商也是一種方法。尤其在中小企業眾多、供應鏈綿長的日本（☞6-6），中小企業在資安方面的投資普遍不如大企業，這種攻擊戰略就相當有效。

資安對策

過去的資安對策，是把企業或組織的網路分成內網和外網，只專注防禦來自外部的非法入侵，並選擇信任內部人員。

然而，隨著資訊科技環境愈來愈複雜，過去的做法已難以防範現代的網路攻擊，必須思考新的對策。

■ 運用AI來防禦

有團隊正在進行研究，讓AI學習網路攻擊的模式，並加以對抗。譬如，讓AI學習惡意軟體的種類等資料，從過去的類似案例分析攻擊模式和因應對策。

■ 零時差攻擊

開發工具和資料等，與AI相關的服務和軟體，大多可用雲端服務（☞3-8）來使用。

其中，有些無償公開原始碼，可以自由改良或再散布的軟體，稱為開源軟體（OSS），而我們平常使用的AI系統，很多都有使用到OSS。

OSS可免費利用，但相對的，使用者必須自己承擔使用責任。所以當OSS被發現安全性問題或漏洞時，使用者就得自己想辦法應對。假如使用者沒有馬上進行處理，就很容易遭到駭客攻擊。而從漏洞被公開到被補上前的這段時間所展開的攻擊，就叫做零時差攻擊（zero day）。

■ 零信任

隨著愈來愈多服務使用開源軟體，且因

正門準備完成！但後門毫無防備

我做了萬全的準備，防禦網路攻擊。

怎麼會～

後面的門沒上鎖，根本門戶大開啊！

COVID-19（新冠病毒）流行導致在家工作人數愈來愈多，現在人、資料、軟體的流動和往來，已逐漸超出單一組織的範疇。

因此，網路愈來愈難簡單一刀切成內網（信任）和外網（不信任），換言之，基本上對所有人事物皆零信任（zero trust）的思考方式正在崛起。

若要依循零信任的理念來進行資安防護，就必須建立「不論從何處連接皆須認證」、「只給予使用者最低限度的權限」、「與資訊和網路有關的通訊全都自動受到監視（monitoring）」等規則或機制。

■ 震網

另外，「只要重要資料不聯網，就沒有外洩或被駭的風險」這種想法也已經過時了。

2010年左右，伊朗的核能發電設施就曾被一個名叫震網的惡意軟體給控制。這個惡意軟體躲在USB硬碟內，是在工作人員把USB插入控制系統時感染的。而調查認為，這個USB可能是混在研發者聚會上，做為免費贈送的贈品散播出來的。

由此可見，攻擊性的惡意軟體也可以經由內部人員的手侵入系統。

第 5 章

思考科技與
社會設計

在前面的章節，我們討論的主要是
將 AI 技術當成工具使用時所產生的問題。
不過還有擬人化 AI 的研究存在，人與 AI 的關係是多元的。
而本章將探討人和機器的介面（Interface）。

AI 系統的製作方法：評估與調整

要打造一個 AI 系統，就必須評估這個系統是否接近目標。
然而人類的評價是分歧的，對於難以量化和缺乏客觀評價基準的東西，
究竟該以誰的價值觀為基準來評量呢？另外，不屬於 AI 技術的部分，
例如外觀和設計等，依說明方式的不同也會影響評價的結果。

製作可模仿好友聲音的歌唱 AI！

■ 設定目標

　　要用 AI 打造一個標準見仁見智或難以量化的東西，參與者必須彼此磨合，設定清楚這個產品是根據誰的需求而製造。如果無法統合意見，就無法讓產品或服務問世。

■ 選擇資料和演算法

　　接著要按照欲製作的 AI 系統的目的準備學習資料。過程中必須注意資料有無偏差（☞4-3）、有無隱私問題（☞4-8）等等。同時，也要檢查選擇的演算法是否吻合目的（☞2-5）。

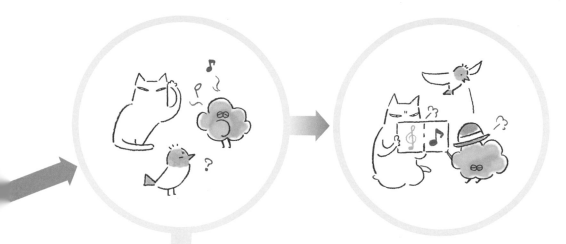

■ **合適的評估者和調整**

　　然後要評估製作出來的AI系統是否接近目的，並進行調整。不論在技術面的精準度多高，最終評估其表現是否接近目的的，還是實際使用的人類。也因此，遇到難以量化的東西時，評估者是否適當將是關鍵。

　　還有，這個AI系統好不好用、順不順手，不讓實際的使用者用看看是不會知道的，所以在開發階段就讓使用者一起參與十分重要。

■ **設計人機的互動方式**

　　調整資料或演算法的時候，會遇到資料的量和品質碰到天花板，或是成本太高等問題。此時就必須運用AI以外的技術來彌補。

　　還有，對於評價容易因人而異或評估基準相當多元的東西，如何在呈現方式上下工夫，以及如何用平易近人的方式來說明等，思考如何設計科技與人的互動方式也愈來愈重要（☞5-2）。

交互介面的設計

運用AI進行辨識、預測或生成時,該如何對AI下達指令呢?
在設計和使用AI時,什麼樣的形式最能讓人用起來感到自然呢?
思考人和機器的交互介面對AI而言十分重要。

何謂交互介面?

事物交界、相接的部分就叫做介面(interface)。在資訊科技的領域,介面一詞則是指人在驅動機器時的操作和互動區塊。

■ AI和IA

AI是Artificial Intelligence的縮寫,中文翻譯為人工智慧;而IA則是Intelligence Amplifier(智力放大)的縮寫,是一個跟AI同時期誕生的概念。IA的基本理念是「讓人類利用資訊科技來解決複雜問題」。

跟以自律性通用人工智慧為目標的AI不同,IA的想法是利用科技去擴張人類的智慧。近年來有一派人認為,AI也應該以此為目標,將AI的A改為Augmented(擴增)。

要擴增人類的智慧,使人與機器結合(☞1-3),就必須讓人和機器能夠流暢地互動。換言之,人機介面的重要性愈加浮現。

■ 用設計預防事故

使用起來不違反直覺的設計,就是好的介面設計。相反地,也存在操作時需要額外的動作,刻意做得冗長且讓人難以理解的設計。

譬如在刪除資料時,通常系統會跳出一個通知,詢問「是否真的要刪除?」,這就是用來防止使用者不小心誤按到刪除功能。這種設計叫做防呆機制(fool-proof),是以「人類總是會犯錯」為前提而設計的機制。對於高風險的AI系統,刻意設計冗長的操作就很重要(☞6-7)。

除此之外,還有一種即使人類操作錯誤,也能保證機器做出安全行動的設計,叫做失效安全(fail-safe)。例如,自駕車就有失去控制時不會持續往前開,而會主動煞車停止的設計。

資訊機器的介面

我們在使用AI,以及更廣義的所有資訊設備時,接觸的、看到的所有東西都是介

面。

■ 硬體介面

　　要開發或使用AI，首先必須有一個能讓人類對機器下命令的輸入裝置，以及由機器顯示運算結果的輸出裝置。代表性的輸入裝置有鍵盤和滑鼠，而輸出裝置則是電腦螢幕。

　　近來除了平板電腦和智慧型手機之外，還有像麥克風等感測器，各種輸入裝置都愈

我按下Enter鍵後就做下一步。

了解。

喀喀啪啪

DO ～～～
THEN ～～
IF ～～～

學習真累人。

可是學會後就能自己做很多東西喔！

來愈便宜，可以輕鬆買到。

　　然而，在介面的客製化和種類方面，傳統的鍵盤、滑鼠、螢幕等設備的選擇也同樣愈來愈豐富。

　　介面的一大特徵，是愈良好的介面就愈不容易讓人感受到它的存在。但另一方面，只要足夠熟悉和習慣，其實所有的介面不論設計優劣都能讓人忘記其存在。唯有改變開發和使用環境，才會意識到設計思想和介面的不同（☞7-3）。

■ 使用者體驗（UX）

　　另一個常跟介面一起使用的名詞是使用者體驗（User experience,UX），Experience的意思是經驗或體驗。而UX的關注焦點，正是如何提升使用者在使用一項服務或產品時的體驗。

　　UX跟介面設計的關聯，包含像使網頁或App的顏色和文字更易於閱讀，以及用清楚的說明讓使用者在使用資訊設備時，不看說明書也能搞懂操作，這些都是優良的UX設計。

輸入輸出裝置的多元化

隨著平板電腦和智慧型手機的出現，人們可以用直接觸摸畫面的方式來進行輸入和輸出。此外，高性能且便宜的麥克風和揚聲器等感測器也輕量化、小型化，配合聲紋辨識和影像辨識的 AI 技術，對機器下達指令的方法愈來愈多元。

最近為了作為防疫策略的一環，業界也開發出不需要用手觸摸，可以用視線來控制畫面中游標的技術，以減少不特定多數人的接觸。

請用語音告訴我下一步。

我想想喔。

是 否

有問題時會有聊天機器人為您回答。

我只是自言自語想吃披薩，

了解，已為您下訂。

不是因為你每天都訂披薩，它才記住這個指令的嗎？

它就擅自替我訂了。

聲音辨識的課題

由於聲音辨識技術讓任何人都能直覺地操控機器，因此也衍生出一些問題。

比方說，使用者可能在不知情的情況下不小心啟動錄音功能，然後被傳送到其他地方；又或是自言自語、談話被機器誤當做「指令」。

使用聲音流暢地對機器下達指示雖然重要，但讓設備不接收特定使用者以外的人的聲音指令，或是必須要先說出喚醒詞（wake word）才能開始運作等防呆機制，對於介面設計來說也很重要。

■ 聲音辨識 AI 和說話方式的多樣性

智慧音箱只是工具。所以不論用粗魯的語氣下達指令，或是用禮貌的語氣下達指令，對機器來說都是一樣的。不如說為了提高辨識精準度，有時用簡潔的命令語氣下指令更容易被辨識。相反地，在面對以陪人類對話為目的的聲音辨識 AI 時，人們可能會不自覺地像跟人類說話時一樣，用禮貌的語氣說話。另外，也可能會遇到方言口音很重的使用者。

由此可知，人類的說話方式十分多樣，所以機器也必須有能力去應對各種不同的口音和語調。

影像自動修正

隨著人類有能力取得大量的圖像資料，AI的圖像辨識技術也有所進步。然而，出現在圖像中的人或自然景物真的是其真實的模樣嗎？

現代很多數位相機和手機的相機，都搭載了臉部識別功能。可以自動對焦人臉，或是在微笑的瞬間自動按下快門，以及紅眼補正、根據環境光來自動調整色調等等。

這些技術都是為了滿足使用者想要拍出更美照片的需求。就能判斷使用者想看到什麼樣的照片這點來說，自動修正或許也算是一種介面設計吧。

習慣自動修正技術後，使用者可能會變得不想看到沒有經過修飾的自拍照。實際上，在現代常用的視訊會議工具中，有些就具備美顏補正或自動加上口紅等虛擬妝容的功能。另外，變更或模糊背景的功能也很受歡迎。

■ 修正影像的製作方法和使用方法

AI自動生成的圖片和影片，愈來愈融入我們的生活（☞3-6）。我們可以用App輕鬆改變自己的年齡或性別。除此之外，這項技術也被用來生成10年前通緝犯的現年長相，用來提醒居民留意。

■ 我們看到的到底是什麼？

這裡，我想把話題再帶回資料的部分（☞4-3）。在思考資料的品質時，我們說過社會本身的偏見會反映在資料中。不僅如此，網路上充斥著許多假新聞，這些資料若被AI學習，將可能使歧視和假訊息被複製。

不只是文字情報，圖片和影片也一樣。雖然換髮色和修圖等技術很早就已經存在，但現在手機App讓修圖變得更加輕鬆容易。

譬如數位相機的自動修正，相信絕大多數的人都沒有意識到自己拍出來的照片其實都是經過修正的吧。而這些生產出來的圖片，都在沒有註釋的情況下被當成「真實」的樣貌，作為學習資料不斷累積。

在現在這個時代，我們應該要認識到這些長久累積下來的資料，都是使用新舊修圖技術從現代社會切下來的一部分切片。

外觀和質感發出的訊息

螢幕上的角色（虛擬形象）或機器人的外觀和質感，也是介面設計很重要的一環。

與人類合作的機器人或虛擬形象的外貌和質感，具有向人類正確傳遞訊息、不讓人誤解它們功能的重要任務。假如訊息沒有傳遞成功，就有可能導致意外或事故發生。

舉例而言，請想像一個自律型機器人可以在街上自由自在到處跑的世界。這些機器人重達100公斤，但外觀只有小型犬的大小，活動速度也很遲緩。當人們看到這樣的機器人緩緩倒向自己時，可能會本能地想出扶住它，結果因此受傷。

為了避免這種意外，就必須讓沉重的物體具有一眼就能看出「很重」的外觀（介面）才行。

而可以傳達「沉重」這個訊息的介面設計之一，就是讓它看起來很巨大。又或是為了讓人知道不可以觸摸，給予其粗糙或尖銳的質感。或者塗上醒目刺眼的警戒色，在外觀上下工夫。因為人類會從社會和自然環境中直覺地去學習質量、形狀、質感和顏色的關係。

■ 弱機器人

豐橋技術科學大學的岡田美智男教授，提倡「弱機器人」的概念。跟可以自主地完成被賦予之工作的機器人不一樣，「弱機器人」被刻意設計成需要人類的協助才能夠進行活動。

譬如，家用的自動掃地機器人會學習室內的環境，然後打掃房間每個角落，有些還能自己把垃圾拿去丟。這種機器人可以讓人類從打掃的家事中解放。

岡田教授製作的Social Trash Box（垃圾桶機器人）是一個裝有車輪的垃圾桶。這個機器人在發現垃圾後，會移動到垃圾旁邊，然後在原地踏步。這個動作的目的是引起周圍的人注意，然後引導他們做出「把垃圾撿起來丟進垃圾桶」的行動。

機器人的「弱」和不完全性，引導了人類的合作行為，在結果上成功消除了垃圾。

藉著刻意把機器人設計成這種外觀和動作，周圍的人們就會自然注意到垃圾不會自己消失，需要人協助處理。

換言之，想透過機器人達成的目的不同（☞5-3），介面的設計也會不一樣。

經由機械傳遞訊息

前面探討的人機介面，都是以人機分工和人機結合為主。然而，除此之外還有一種人機關係，那就是人在機器裡面（☞1-3）。

■ 自動駕駛汽車

這種關係最好理解的例子就是汽車。開車的人跟其他駕駛和行人「對話」的方法之一，是透過方向燈。打方向燈可以告訴步行者和其他汽車駕駛，自己接下來準備要做什麼。這也是一種介面設計。

當汽車駕駛座上有人的時候，除了打方向燈之外，駕駛還可以根據手勢等肢體語言來發出直接的訊息。

然而，完全自動駕駛的汽車駕駛座上沒有人。在這種情況下，路人無從得知自駕車到底在「想」什麼。

要避免事故發生，其中一種方法是把道路完全分開，讓步行者不會跟自駕車接觸。

除此之外，也可以讓自駕車不用方向燈，而是發出人類易於理解的語音訊息，或是把文字或影像投影在擋風玻璃或道路上，設計可以溝通的介面。

文化和制度也是介面

本節開頭我們說過，良好介面的條件就是易於理解和容易操作。而「易於理解性」除了那些人類可從自然環境直覺地、經驗性地學習到的東西之外，有時也包含從文化或制度學到的事物。

像是「紅色代表停止和危險」、「綠色代表前進和安全」等，就是國際共通的符號，並被交通系統所採用。

反過來說，假如一個記號並不是制度上、文化上共通的，那麼就算加入介面設計中也無法傳遞訊息。要設計任誰看來都能明白、都知道怎麼使用的介面，前提是介面中必須包含人類社會共通的知識和常識，又或是在制度上標準化的記號。

有些我們以為理所當然、清楚好懂、不證自明的東西，對其他社群的人來說可能完全不存在意義。這點不只針對介面設計，AI學習的資料和演算法也是同理（☞4-2）。

技術和制度、社會息息相關且緊密相連，這也是本書想傳遞的關鍵訊息之一。

由誰來開發和評估 AI？

製作含有 AI 技術的服務或產品時，必須先確定目的。
而思考能否取得實現目的所需的適合資料，或找到合適的人來評估系統，
對 AI 系統的透明性（☞ 3-3）亦十分重要。

是否真有必要引進 AI？

　　有時候產品上只要標榜著「搭載 AI」、「導入 AI」，總之只要跟「AI」兩個字搭上點關係，或許就能讓自己的產品吸引到大眾的目光（☞ 3-1）。

　　然而 AI 各有擅長和不擅長的領域，而且 AI（尤其是深度學習型 AI）也存在只能從過去的資料進行統計式運算，導致決策邏輯可能是個黑盒子（☞ 2-7）的特徵，所以必須審

慎思考自己的產品是不是真的適合運用 AI。

目的不明確

　　還有些人是出於「因為其他人都這麼做，所以我們也跟著做」的想法，而想使用 AI，但別人和自己重視的部分與產品脈絡不見得相同。所以不能只是盲目跟風，應該用

咱家的產品全都搭載了智慧型 AI 喔！

這傢伙只是覺得加上 AI 兩個字就能賣錢吧。

我要用 AI 辦一個讓人感動的活動！

WHO？

HOW？

自己的脈絡和言語來表達自己究竟重視何種價值。

引起公憤的AI系統

在開發AI系統或服務時，明確的目的很重要。然而，有時過度聚焦在特定群體，也有可能因此忽略了其他觀點或考慮不周。

尤其當系統對人們的外表、性別等特質，存在無意識的偏見和權力傾斜時，便可能在媒體或社群網路引起公憤，也就是日文網路俚語中常聽到的「炎上」。

[案例：Rikunabi DMP支援服務事件]

2019年夏天，日本的求職情報網站「Rikunabi」的經營公司，被爆出會私自計算求職學生辭退內定※的可能性，並將這個分數提供分享給簽約企業。這種作法之所以有問題，是因為該公司在計算分數時使用的個人資料，並未經過所有學生同意。

該事件簡單來說，可算是個資處理的問題（☞4-8）。同時，雖然日本不只一家求職網站，但Rikunabi這個平台（☞6 4）在日本當地的市佔率很高，被批評剛出社會的學生實際上根本沒有其他選擇，只能被迫使用該平台。在沒有選擇餘地的情況下，弱勢的一（也就是學生們）根本無法拒絕Rikunabi使用個資的要求。

■ 為誰提供的服務

Rikunabi的案例存在法律上的問題。但從更廣的角度來思考，這事件同時也點出了AI系統到底是為誰而存在的問題。

所謂的求職支援，本應是媒合想找工作的人和需要人才的人的服務。而經營此類服務的企業，大多宣稱自己會同時照顧雇主和求職者兩邊的觀點，滿足雙方的需求。

然而，由於求職網站的收益主要來自求人的企業方，所以實際上這類服務會更靠攏企業的需求。這種本質上就存在權力傾斜的服務（☞4-2），更需要注意系統是否會侵害到其他人的權益。因此，必須思考開發方和使用方是否具有包容性和多元性（☞7-2）。

既然人類和社會都存在偏見，那交給機器來仲裁不是更公平嗎？

但最終決定選擇哪種資料的還是人類，所以必須要有透明性。

誰來評價？

即使有明確的目的，假如沒有能進行適切評價的客觀標準，還是無法接近我們設定的目的。就算缺乏客觀的指標，也必須找到一個能用主觀指標來進行評估的人。

[案例：復甦故人AI的評價者]

2019年，日本NHK電視台製作了已故歌手美空雲雀的AI。這項企劃的目的是「創造讓想再見美空雲雀一次的粉絲們，感覺彷彿是本人在對自己傾訴的歌聲」。

而開發團隊按照這個目的挑選出來的，不是「柔」這種強力的歌聲，而是晚年的「愛燦燦」這種厚實溫暖的歌聲。

YAMAHA公司負責了聲音的分析和合成工作，然後將合成出來的聲音交給美空雲雀的遺族、音樂公司及各方粉絲聽過，取得他們的回饋和意見後，在節目上展示。

像美空雲雀這樣的公眾人物，因為擁有公眾的形象和認識，而且也有留下音質良好的聲音資料，所以可以從多方面來評價生成的結果是否接近本人。

但另一方面，若想還原不是公眾人物的親朋好友的聲音，有時唯一的評價者就只有委託者本人。此時，技術上是否能還原到接近原始音源並不重要，重要的是能否滿足委託者的主觀評價。當委託者不只一個人時，若每個委託者跟欲還原者的關係或目的不同，或許就很難製作出能滿足所有人的AI。

評價AI生成的作品

AI也可以創造全新的價值或作品。除了聲音或影像之外，如今市面上也有像GPT-3（☞3-6）那樣，可生成自然文章的AI模型。甚至也有只限AI參加，讓它們創作俳句或小說，然後用跟人類同樣的基準去評審打分數的企劃或競賽。

■ AI會動搖人類的價值觀嗎？

有人認為AI創造的作品，境界和層次仍遠遠不及人類。但另一方面，有人高價購買AI創造的畫作，也有人在作品中使用AI創作的音樂。這些人或許是覺得這些作品「以AI來說十分出色」，又或許根本不在乎作品的作者是誰，純粹是喜歡那幅畫作或音樂。

當AI不只活躍在實用領域，甚至踏入與真善美等價值觀有關的領域時，人類的價值觀和評價的定義或許也正受到挑戰。

由 AI 提供評價基準

此外也有些人認為，在人類無法給出客觀評價基準的領域，反而可以「用AI給予的評價當作基準」。

AI無法辨識或預測未經資料化的事物及現象。因此，製作AI系統必須先建立資料集（☞4-3）。

然而，我們的社會還有無數資訊未經資料化。譬如傳統技藝和精神科醫療等專家經驗和內隱知識不易言語化的領域，以及農業、漁業等很難在野外搜集資料的領域。但隨著輸出輸入裝置的多元化（☞5-2），以及戶外通訊環境的改善、電池技術的進步、在雲端處理資料的實現、影像和聲音感測器的研發，上述領域也已漸漸開始累積資料。

除了專家的行為、思考，以及物理、自然現象能做成資料外，消費者的主觀認知也開始建立資料集。像是對流行時尚、影視戲劇的「可愛」、「熱血」等評價往往因人而異，在過去一直難以進行客觀的評量。

人們的喜好和情感，長久以來都只能用消費紀錄等資料來做推測和模擬。然而，藉著讓AI大量學習這些主觀資料，現在已慢慢能用AI提供一定精準度的評價基準。

■ 刻板印象的複製和評價標準的固化

若能由AI提供評價標準，過往「觀察前輩來學習」、「多做幾次就會」的這種模糊性學習方法，或許可以變得更合理、更有效

率。但另一方面，這麼做也有可能導致技能和評量值的固化。

太過依賴AI的評價，也有導致「這樣才是可愛」、「只要按照這個公式就能拍出感動人的戲劇」這種刻板印象被量產和強化的危險。

■ 標籤化和汙名化

假如評價的對象變成人類，將有造成標籤化和汙名化的疑慮。即便是現在，相信大多數人在網路上購物時，都有遇過網站主動替你整理出都是同類品項的「推薦商品」的經驗吧。假如AI的評價不只是用來評估個人喜好，還被用在審核保險申請、法律裁判等重要情境，評價的固化就有可能在人權和隱私上構成問題。

要逃離這種數位烙印（digital stigma），就只能讓AI重新學習大量的其他資料，或是請求系統管理者手動刪除紀錄。近年在歐洲便開始提倡，要求網路業者刪除不利於自己的資料的刪除權（☞4-8），也應列入隱私權的一部分。

※內定：在日本求職文化中，除了一般的求職管道之外，許多企業為了比其他公司搶先確保優秀人才，會在學生畢業前一年就偷偷進入校園物色人才，讓學生一畢業後就進入該公司報到。這種約定就叫「內定」。但有些內定好的學生會在畢業前又反悔辭退，讓企業得臨時重新找人，造成困擾，因此就有了文中提到的服務需求。

擬人化的追求

讓機器自己從大量資料中找出規律和特定模式的深度學習，
可說是由機器自主進行認識、預測和生成。
然而，設定目的和給予評價的仍是人類（☞5-3）。
要創造出真正像人的AI，就必須先思考什麼是「人」。

創造AI的目的

前面章節介紹的AI，大多是用在醫療、雇用、自動駕駛、不良品檢測及電子遊戲等領域，目的是追求更好的性能和精準度。而此類AI的評價標準，是「AI的精準度和性能能否接近人類」。

然而在評量AI的性能時，「人類」並不是最終目標，只是一個參考點。假如一個AI的設計初衷是為了分擔人類的工作，那麼這個AI的目的可能是用比人類更好的精準度來進行辨識或預測，又或是比人類更專注穩定。假如是要讓AI與人類合作，那麼讓AI去彌補人類做不到的部分，整體的平衡會更好（☞6-1）。

另一方面，在娛樂、照護、教育等人類會直接和AI接觸的領域，除了性能和精準度之外，AI的外觀和技能也必須接近人類，目的可能是擬人化（☞5-5、5-6）。

■ 什麼是「人」？

同樣是擬人化的AI，表現形式卻五花八門。最容易想像的擬人化，就是能像人類一樣說話（☞5-5），或是擁有跟人類一樣的外貌和動作表現（☞5-6）。

除此之外，也有AI團隊在研究如何用機器模擬人類的技能、想像力和表現力。當有具體的模仿對象時，能模仿該範本的技能和表現力到什麼程度，就是研究團隊展現實力的地方。

■ AI研究上的意義

我們也可以設定鉅細靡遺的邏輯規則，讓AI能惟妙惟肖地模仿一個人的外表，或是讓AI用跟某個人完全相同的方式說話。然而，這麼做並沒有運用到「學習型」AI的特色。

儘管目的、資料、演算法是由人類設定，但由AI在一定程度上自己決定如何舉手投足、如何說話，才稱得上是AI研究。

模仿人類的技能

近年來，有很多團隊發表能重現知名已故作家的作品風格，並創造全新作品的 AI。

■ AI 林布蘭

2016 年，微軟公司跟荷蘭的金融企業 ING 集團、林布蘭博物館、台夫特理工大學合作，發表了可模仿荷蘭知名畫家林布蘭風格、創作新畫的 AI。該 AI 可以由人類指定作畫主題，譬如畫一個戴帽子的男人等等。
URL: https://www.nextrembrandt.com/

■ AI 巴哈

2019 年，Google 公司公開了名為「慶祝約翰・塞巴斯蒂安・巴哈生日」的 AI。這個 AI 分析了 306 首巴哈做的曲子，可自動根據任意旋律生成巴哈風格的音樂，且可實際在電腦上試玩。
URL: https://www.google.com/doodles/celebrating-johann-sebastian-bach

■ AI 手塚治虫

2020 年，手塚製作公司跟 AI 研究團隊合作，在雜誌 Morning 上發表了利用手塚治虫創作的角色和故事，所生成的手塚治虫風格漫畫（☞3-7）。
URL: https://tezuka2020.kioxia.com/

模仿人類的表情或動作

要模仿人類的表情或動作，就需要 3 維的資料。有研究使用動作捕捉技術，將傳統藝能表演者的動作製成資料，而對於無法採集資料的已故人士，則可藉由組合在世者的資料，或用其他技術來補足。

■ AI 達利

2019 年，美國佛州的達利博物館公開學習了畫家薩爾瓦多・達利表情的 AI，並開放遊客與其一同合照。其原理是讓 AI 學習達利的表情，再把臉覆蓋到體格相似的演員身上進行表演。
URL: https://www.youtube.com/watch?v=BIDaxl4xqJ4

AI〇〇 聽起來好像全部是用 AI 做的，但其實還結合了其他技術和人類演員。

擬人對話的追求

研究者也在研發可自然對話的AI。
只要詢問「常見問題」或定式句，這些AI就能自主地進行應答。
同時研究者也在思考使AI的對話更像人類的方法，以及它們帶來的課題。

「擬人」對話的需求

企業客服中心、產品或服務的客服問答、觀光街道上的路邊服務處等，日常生活中有很多場景都存在人與機器的對話。

這些對話的目的，大多是為了提供跟有知識和有經驗的專家一樣，正確且可信任的資訊。為此，負責回答的機器也必須具備跟人類一樣的知識和經驗。不過，聊天等對話本身不需要聽起來像人。

另一方面，也有些人是想做出跟動漫中一樣的陪伴機器人，或是讓機器人去進行照護等，需要提供人類信任感和安心感的工作，此時可能就需要「可緩解人力需求，像人類一樣說話的照護機器人」。在這種情況下，比起資訊的正確性，人們更需要的是能與他們一來一往地閒聊，並且說出有趣和幽默對話的能力。在不同目的下，人們所追求的「人性」也不相同。

圖靈測試

計算機科學家艾倫·圖靈於1950年想出了「讓機器人模仿人類的言行，然後讓人類來判斷對方是不是機器人」的測試。

這個測試的規則如下：

- 判定者無法直接看到對方是人還是AI。
- 判定者輪流用文字跟一個人類和一個AI交談，然後判斷哪個是人哪個是AI。
- 在5分鐘的文字交談中，假如AI騙過了3成以上的人類判定者，就算通過測試。

■ 透過賦予角色來表現「人性」

那麼，人類是否已創造出可通過圖靈測試的AI系統了呢？2014年，在英國皇家學會舉辦的大會上，已出現了第一位合格者。這個被33%的判定者猜測是人的AI，乃是一個被設定為「住在烏克蘭，現年13歲的尤金·古斯曼」的程式。

然而，因為尤金被設定成一個13歲的

男孩，且英文是第二語言，所以就算英文聽起來有點奇怪也不容易引起懷疑，所以也有人認為它並不算真正通過圖靈測試。

日本也有一個類似的聊天機器人「Rinna」。Rinna是TAY（☞4-7）的姐妹版本，被設定為「女高中生AI」的角色屬性。而它的說話方式也被設定成日本人在心理上認定「女高中生應該就是這樣說話」的特異風格。

不過，角色設定也可能會強化某些刻板印象（☞5-3）。用「烏克蘭人＝不擅長英語」、「女高中生＝說話方式特立獨行」的刻板印象來設定角色可能會引起爭議，需要謹慎拿捏其中的平衡。

■ 幽默和不當發言的分界

在對話中開玩笑或表現幽默時需要非常小心，因為只要稍有不慎就可能引發爭議。一旦沒有拿捏好分寸，就會造成問題。絕不能像TAY一樣說出明顯有問題的發言。此外，也不能任意暴露別人的隱私資訊。

但另一方面，也有因為絕妙的回答而成為話題的聊天機器人。在日本的橫濱市，有一個垃圾分類AI，只要輸入你要丟什麼垃圾，它就會告訴你丟棄此類垃圾的正確方法。聽說如果對它輸入「老公」的話，它就會引用法國劇作家阿爾芒·薩拉克魯的名言回答「人類因缺乏判斷力而結婚，因缺乏忍耐力而離婚，因缺乏記憶力而再婚」。據說這個回答是某位職員在苦思究竟要如何回答，才不會惹惱使用者時想出來的。

提問：我早上老是爬不起來，請問有什麼好方法嗎？

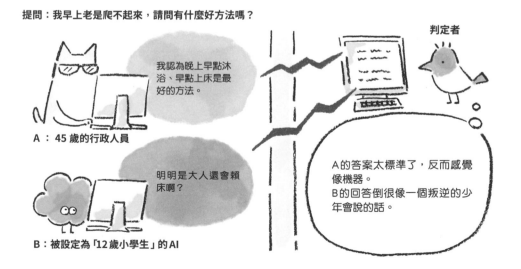

我認為晚上早點沐浴、早點上床是最好的方法。

A：45歲的行政人員

明明是大人還會賴床啊？

B：被設定為「12歲小學生」的AI

判定者

A的答案太標準了，反而感覺像機器。B的回答倒很像一個叛逆的少年會說的話。

擬人的外觀與動作

**機器人和機器人軟體的外觀可以用插畫或 CG 來製作。
同時在教育、醫療、娛樂領域，對於能用手勢或肢體動作等
非語言方式來與人溝通的 AI 和機器人，需求也正在提升。
然而另一方面，機器人的外觀太像人類也會產生問題。**

恐怖谷現象

　　所謂的恐怖谷，是指在一般情況下，機器人的外觀和動作愈接近人類，人們對機器人的好感度會隨之提升，但相似度超過某個程度後，人們又會突然感到強烈厭惡，直到變得與人類的外表和動作別無二致後，好感度才又恢復的現象。

■ 刻意讓人知道是機器的外觀設計

　　除了好感度的理由之外，還有幾種原因會讓我們希望機器人的外表能一眼就看出是機器。

　　第一個原因，是希望使用者意識到機器人的背後有其他人在操作。譬如，若為了照護和育兒等目的而在家中安裝監視機器人，假如人們太過信任機器人，就可能在無意間洩漏重要的資訊，或在不知不覺間讓機器人的攝影機拍到隱私情報。在我們的眼裡，機器人只是一台普通的機器或螢幕上的虛擬形象，但這些機器人有可能還連接著網路，背

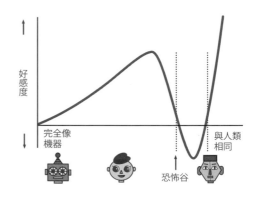

後存在著一大群人。

　　儘管我們只看到一台機器人，但機器背後一定有開發者之類的人類在控制。此外，也可能有人惡意入侵、奪取機器的控制權。

　　只要存在被人惡意駭入的可能性，這些陪伴我們私生活的機器人和 AI，就必須設計成能讓人清楚意識到這是機器的模樣。

　　另一種避免人類過度信賴 AI 功能和性能而產生誤解的方法，則是積極地公開 AI 被製作的目的和運作原理（☞5-7）。

對機器的移情

第二個最好讓機器看起來像機器的理由，是因為若讓機器太過擬人，人們可能會不把機器當成機器，對機器投入感情。

適度的同理心和移情作用，有助於使人和機器的互動更融洽。目前也有人為了促使機器和人類之間產生同理心及情感交流，正研究人類的感情和情緒的原理。這有個專有名詞叫做情感計算（Affective computing）。

然而，讓沒有感情的機器看起來像有感情，也可以理解為一種欺騙。至於究竟怎樣算信賴怎樣算欺騙，最終還是得看機器人的使用目的。

■ 移情作用和操作上的隱憂

那麼，具體來說究竟會有哪些潛在問題呢？機器除了可以24小時全年無休地工作，也可以在網路空間上與好幾百人同時交談。

在2013年上映的電影「雲端情人」，講的就是一個男人與AI的愛情故事。在故事中，AI女主角後來向男主角坦白自己其實正同時跟641個人交往。也唯有機器才能同時應付這麼多人。

假如這些能取得人類同理心和信賴的AI遭到惡用，就有可能變成可全年無休同時詐騙數百個人的工具。

■ 防災、軍事領域的隱憂

還有，儘管與一般人的生活比較遙遠，但防災和軍事領域也開始引進AI和機器人。

已有人做過讓機器人穿越地雷區的實驗，嘗試開發能拆除地雷的機器人。實驗中，機器人即使斷了手腳也依然不停前進，負責監督的軍官在看到這情景後，以「太不人道」為由中止了實驗。這就是對堅強前進的機器人產生了同理心。然而，在戰場上對機器人產生同理心或顧慮它們的安全，可能反而會讓人類暴露在危險之中。

除此之外，也有人讓機器人成為人類的夥伴，共赴危險的戰場。結果傳出，有人因為把情感帶入夥伴機器人，反而不惜危險去保護機器人的案例。

救災和軍事機器人通常不是非常昂貴就是含有機密技術，所以有時不加以保護的話的確會造成經濟和技術上的損失。然而，把人命和機器放在天秤的兩端應以何者為重，答案應該不言而喻。

出於以上原因，在特定領域上，歐美國家正積極討論「機器人應設計成冰冷容易割捨的形式」。

性別、人種及人權的問題

畫面上的虛擬形象、虛擬化身（avatar），以及機器人的外觀要如何設計，對於介面設計來說十分重要（☞5-2）。

外觀和語音的音調等設定，有時會受運用目的左右。然而不論何種情況，若沒有顧及性別和種族平等，就可能引發問題。近來也有愈來愈多這樣的案例。

■ 分工偏見的複製

相較於其他職業，照護、教育、櫃檯服務等工作，在現實中由女性擔任的比例很高。因為對有些人而言，女性比男性更讓人安心，因此這類場合所用的虛擬形象也常採用易於親近的女性角色。

但另一方面，消除某些工作就該由特定性別擔任的刻板印象，也是社會潮流。那麼為什麼明明除了男性和女性之外，還可以自由地設計成中性或動植物的形象，卻還是故意設計成女性角色呢？

這恐怕是因為女性＝輔助者的刻板觀念仍深深烙印在開發者社群中。換言之，就是一種無意識的偏見（☞4-2）。要解決這種分工偏見的複製，首先讓大眾有所察覺十分重要。

■ 全球共通的偏見問題

以上現象不只是日本社會的問題。法國的Aldebaran Robotics公司（現在的軟銀機器人公司）曾開發過一台名為「NAO」的機器人，雖然它的外觀沒有偏向任何一種性別，但NAO在英語圈的第三稱大多用「He＝男性的他」，被應用在教育和醫療等各個領域。

然而，NAO在被用於看護工作時，卻被改名為「Zora」。Zora在法文中是女性的名字，在宣傳影片中也用「會唱歌會跳舞，還能教你運動和陪你聊天的女孩子（young girl）」來介紹NAO。這其中也存在看護＝女性工作的迷思。

在外國，除了性別偏見外還存在人種偏見的問題。AI的虛擬形象大多是Q版角色，比較沒有爭議，但膚色卻卻常常被人詬病。譬如，若警察角色都是白人或都是男性，就可能引起爭議。

因此，現在在設計時，必須注意畫面上虛擬形象的外觀是否只有特定的性別或膚色，又或者特定職業或角色是否都只有某種特定外觀或膚色的人種。

■ 刻板印象的複製

除了對分工和職業刻板印象的複製外，有時因為AI「長得像人但又不是人」，所以大家反而會用輕佻的態度去對待它。比方說，有報告指出智慧音箱常常被使用者用言語性騷擾。

Apple公司的Siri和Amazon的Alexa等智慧助理，在剛啟用時的預設語音都是女性的聲音。儘管它們也有內建其他種類的聲音，但出於高音調的聲音比較容易被人耳辨識等功能性的考量，基本上大多是用女性聲音當作預設選項。

智慧助理在設計上會服從人類的命令，對此也有人批判是開發者潛意識中存在著女性天生就是被動的、無條件服從的刻板印象。

■ 對人權的關注

對AI說出性騷擾發言，不等於這個人一定會不分機器和人類，在現實中也對女性言語性騷擾。另一方面，若主張「應把AI當成人類一樣看待，用人類一樣的標準賦予AI人權」，又未免太過跳躍。

有一派反對的聲音認為，虛擬形象和機器人的外觀不該跟性別和人種問題扯上關係，理由是「若給予機器太多無謂的尊重，反而是在蔑視人類的尊嚴和人權」。

譬如，因為看護師不足而引進看護機器人，但實際上真正缺少的其實不是看護師，而是對看護師工作的尊重和金錢報酬。

除此之外，還發生過下面這樣的案例。在2017年，沙烏地阿拉伯宣布發給搭載AI的人型機器人「索菲亞」公民權。但諷刺的是，女性在沙烏地阿拉伯的權利十分低下。直到不久前，沙國女性甚至不能在沒有男性監護人的許可下自己開車。

在引進機器人或討論機器人權之前，更重要的是救助那些受到迫害、為貧窮所苦，以及遭受非人道對待的人類。因此必須注意是否太過關注機器，反而忽略了人類的權利和尊嚴這種本末倒置的現象。

如何說明AI系統？

擬人化的AI，以及擁有人類相同技能或性能匹敵人類的AI之出現，
使得有些人開始擔憂人類和機器的界線是否正變得模糊。
為了消除人們心中的不安，有必要向大眾好好說明AI如何工作，又為何而存在。

對AI的莫名擔憂

在介紹AI系統時，我們有時會用「AI進行某某決策」、「AI進行某某預測」等表達方式，把AI當成主詞。實際上，在深度學習等技術中，也的確是由機器自己找出要學習的重點，在某種程度上可以說是自主的。

諸如此類的形容方式，也導致某些人開始憂慮「AI會不會突然發瘋失控」、「AI會不會搶走人們的工作」等問題。然而，現在的AI仍只能用來處理某些特定的任務，絕大部分都是用於輔助人類工作的特化型AI（☞2-8）。

雖然外觀、態度或說話像人的AI愈來愈多，但AI尚且無法像人類一樣從零開始創造新的價值，更遑論到達跟人類同等級的智慧，一般認為，AI研究還有非常遙遠的路途要走。

實際上現有的AI創作，仍需要很多人力的參與。譬如，曾參與用AI模仿星新一的極端篇和手塚治虫漫畫計畫的AI研究者松原仁教授，就解釋過AI的創造只佔1～2成，剩下都是人類在調整。

儘管如此，媒體為了炒話題或精簡字數，還是常常刊出「AI會○○！」這種讓人誤以為AI能自己創造出新東西或決策的標題。

而本書也同樣為了方便理解，把AI當成可以獨立運作的角色來描繪。

AI解決了問題

這樣下標聽來更新穎，更容易吸引關注。

使用AI解決了問題

這個標題才符合實際情況啦！

總而言之，AI 是一項很容易擬人化的技術。但要如何描繪和形容 AI，則必須依使用目的進行綜合的判斷。

公開運算過程和規格

深度學習的黑盒子問題，也是使人們對 AI 感到擔憂的原因之一（☞2-7）。關於這一點，可以用「可說明的 AI」這類技術來解決（☞3-3）。此外，向大眾說明 AI 使用了何種資料和演算法來學習也很重要。

■ 說明哪些東西使用了 AI

當某些決策或預測運用了 AI 技術，也有必要讓大眾知道。

比方說，現在很多服務會使用 AI 對使用者剖析建檔（☞4-5）。即便做最後判斷的是人類，如果不告訴使用者過程中運用了 AI 當作輔助工具，人們就不可能發現決策結果中因為 AI 的偏見而造成的偏誤。

■ 公開 AI 的製作花絮影片

運用 AI 和 CG、VR（虛擬實境）技術，使故人重現於世人面前的技術，也同樣評價兩極。有人擔憂「生前未取得死者同意就擅自複製其形象是一種冒瀆」、「複製具有政治或宗教影響力的公眾人物，其形象可能會被惡用」等問題。

要解決這些擔憂，就必須向大眾解釋實施這項技術的目的（☞5-3）、有多少成分是自動產生的、有哪些部分有人力參與，防止人們對 AI 產生過度的期待和不安。

人們真的會閱讀說明嗎？

另一方面，太長或太技術性、太細節的說明，可能反而讓人看不下去。

在使用各種服務時，通常都需要先閱讀長長的利用規範和同意書，而有研究實驗發現，其實大多數人都不會把這些說明書看完。因此，說明的方式和介面設計（☞5-2）也必須下工夫。

■ 基本素養與合作

AI 存在發生事故和意外時，難以判斷責任歸屬的結構性難題（☞6-6）。因此，服務的提供者必須向消費者或使用者適當地說明 AI 的使用方式，並思考責任歸屬（☞6-8）。而消費者和使用者也必須對可能存在的風險有最基本的認識。不僅如此，也必須有負責保險和認證的外部機構互相配合，在問題發生時扮演的承擔安全網角色（☞6-6）。

人與機器的生死設計

AI系統除了開發、上線、使用之外（☞3-2），
還必須依其目的設計結束任務的方式。
尤其是貼近人類生活的機器人或AI代理人，
不可當成物品隨意丟棄，思考任務結束後如何處理它們愈來愈重要。

半機械化（cyborg）的人類

　　前面介紹了機器擬人化的眾多案例
（☞5-6），但事實上人類本身也在某種程度
上逐漸機械化、半機械化。

　　雖說是半機械化（cyborg），但並不是像
科幻小說中的生化人那樣，身體跟機械融
合。而是指現代化的社會中，許多功能和思
考都已經是依賴機器在處理。

　　我們的記憶和資訊處理能力已有一部分
依賴網路空間。個人行事曆、人與人的交
流，全都透過智慧型手機或電腦等終端設備
保存在網路空間上。搜尋、記錄、計算、通
訊、購物等工作，在現代社會中沒有資訊和
通訊設備根本不可能完成。

　　還有遠程遙控機器人、控制自己的虛擬
分身在數位空間移動的技術，也讓我們看到
擺脫物理空間束縛、自由移動的可能性。除
此之外，將大腦與機器直接連接，以擴充認
識能力和知覺能力的腦機介面（Brain
Machine Interface）技術研究也令人期待。

復活死人

　　若有一天，一個人的資訊可以全部轉成
資料儲存在數位空間內，我們就能用這些資
料重新建構出一個人的數位雙胞胎（Digital
twin）。這種資料叫做生活軌跡（Lifelog），現
在也有人嘗試把自己經驗到的所有資訊和思
考都上傳到數位空間。

　　即使無法把所有資訊都鉅細靡遺地記錄
下來，也可以靠其他人或技術補上不足的資
訊，來複製特定人物的技能或動作。在這類
嘗試中最耐人尋味的事例，就是用死者的資
料來重現那個人的技術和表情，並讓人們可
以與之交談的企劃。這項研究近年來在許多
地方都引發討論（☞5-4）。

　　用深度學習創造的死者的AI，即使不用
設計者去指出那個人的特徵，也能在一定程
度上自己做出「類似」本人的舉止。在日
本，2019年AI美空雲雀在紅白登場一事引
起了不少討論（☞5-3），而韓國也在同年播
放了讓喪女的母親與死去的女兒再見一面的

企劃，對公眾人物和非公眾人物都運用了這項技術。

與機器告別的方式

半機械化的、我們的資料，只要不去刪除就會永遠留在數位空間上。生者的資料目前受到日本個資法的保護，但過世者的資料並不在保護對象內。因此兩者的處理方式必須有所區別，譬如有些社群網站便有將過世者的帳號轉移到死者專用的追悼用帳號的措施。

在過去，死去的人們同樣會留下生前照片或影片。而我們可以用這些資料在心中緬懷他們。但藉由現代的GAN等資料生成技術、聲音合成和影像合成技術，我們甚至能做出可與生者互動的AI。實際上，已有廠商推出此類商業服務。

然而，這類服務也衍生出各種不同的問題。譬如，重新見到亡故的名人或親友等重要的人時，除了喜悅之外，也有可能造成更大的失落感。

因此有時根據用途，我們必須對死者抱以尊重，思考適當結束AI生命週期的方法。

譬如限制只能開放生者與故人AI相見一個晚上，或是一段時間後自然地減少可見面次數等等。諮詢喪親關懷專家的意見，思考與機器告別的方式，相信未來將會出現這樣的需求。

與機器告別的儀式

人與機器的關係是主觀的，而關係愈是親密，社會性的告別儀式就愈是重要。從廣義來看，這類儀式和社會制度也是一種人機的交互作用，可納入介面設計的範疇。

■ 機器人的「喪禮」

有的人會用自己社會和文化中的習慣和習俗，為機器舉辦喪禮。

譬如SONY公司在1999年至2006年間販售、在日本流行過一陣子的機器狗AIBO，於停產之後便無法再取得修理用的新零件，一旦損壞就再也不能修復。因此千葉縣夷隅市的日蓮宗光福寺，便為AIBO的飼主提供每年替AIBO進行供養祈福的儀式。

第 6 章

重新審視
社會的既存問題

伴隨 AI 技術的進步，我們所處社會的制度，
以及我們的意識也會與科技交互作用而變化。
本章將聚焦於現代人的工作和生活，
探討根植於社會的結構性問題。

引進AI後的生活和工作型態

為什麼要讓AI進入我們的工作和生活呢?
還有,引進AI後,AI會以何種方式協助我們的工作和生活呢?
有沒有可能不是人類和機器協作,而是把工作全部丟給機器完成呢?
本節將就人與AI的關係,不從技術面,而是從生活和工作的角度來思考這些問題。

由人類做最後決策

■ 理由1:AI的精確度低

「資料的量和質不佳」、「無法保證品質(☞3-2)」等,都是「由人類做最後判斷」的重要原因。

■ 理由2:制度規定

就算AI可以做到跟人類相同程度,甚或比人類更精準的辨識和預測,有些領域仍規定發生意外和事故時必須由人類負責,譬如醫療行為(☞6-7)。

■ 理由3:人類在情感上無法接受

即使精確度和制度面都沒有問題,人們在情感上還是會排斥被機器命令或評斷。現在跨領域的科學家也在研究開發可獲得大眾信任的AI技術和介面,以及如何才能讓人們接受AI的決策結果。

人類的生活和工作,跟社會制度、人們的情感、科技有著錯綜複雜的關係呢。

正因為如此,從介面設計、技術研發與設計階段,就要與各領域的專家一起研議(☞7-2)。

人類與 AI 協作

■ 理由1：AI的強項跟人類不同

　　AI可以從過去的資料學習，記憶力和計算能力都更好，能迅速對應人類無法處理的未知情境，可與人類截長補短、分工合作（☞6-3）。

　　AI乍看之下能在圍棋等遊戲中創造全新的下法、創作原創的音樂和繪畫，好似完全自主，但其實是在人類設定好的規則中進行創新。從創新中找出「價值」的仍是人類，因此這種創新其實可算人類和AI協作。

■ 理由2：人力不足

　　日本正步入超少子高齡化社會。只要達到一定程度的技術安全性和可操作性，就可以由1名人類監督數個AI，實現以1人之力完成數人份工作（☞6-2）。

AI 全自動

■ 理由1：AI的判斷速度更快

　　雖說是AI全自動，但不是指能自己設定問題並解決問題的通用人工智慧（☞2-8）。充其量只是由機器完成人類設定好的工作，只不過機器的速度更快更精準，所以自動化更有效率。

　　譬如，現在金融市場有9成的交易是由AI即時監控新聞和經濟事件，自動下單的演算法交易。

■ 理由2：AI不會疲勞

　　機器可以長時間持續工作，不會像人類一樣感到疲勞。因此，像生產線組裝這種簡單的作業，由機器來做會比人類更加正確。

■ 理由3：學習結果可複製

　　人類把自己學會的技術傳授給其他人得花很多時間，但AI學會的知識和技術可以輕易複製給其他AI，因此學習效率比人類更好。

自動駕駛的等級

要搞懂人和機器的協作模式，自駕車分級是最好理解的範例。美國NPO組織SAE International提出的指標以手動為等級0，以完全不需要人類的全自動駕駛為等級5，將自動駕駛分為6個等級。

日本的國土交通省也根據這個指標，在研擬自駕車的分級。現在國內外的汽車生產公司，都在努力研發不同等級的自動駕駛汽車。

■ 從等級2到等級3的高牆

目前自動駕駛分級最重要的關卡是等級2和等級3之間的高牆。等級2以下的自駕車仍需要人類司機，AI最多只進行輔助，駕駛行為完全由司機控制。

另一方面，跨入等級3後雖然還是需要人類司機，但在特定條件下已可由AI負責主要操作。而進入等級5後，因為已能全部交由AI操作，所以完全不需要人類司機。

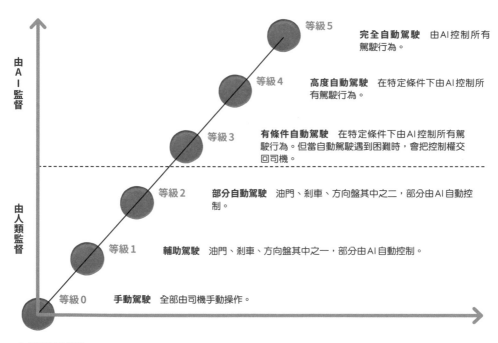

由AI監督

由人類監督

等級5　　**完全自動駕駛**　由AI控制所有駕駛行為。

等級4　　**高度自動駕駛**　在特定條件下由AI控制所有駕駛行為。

等級3　　**有條件自動駕駛**　在特定條件下由AI控制所有駕駛行為。但當自動駕駛遇到困難時，會把控制權交回司機。

等級2　　**部分自動駕駛**　油門、剎車、方向盤其中之二，部分由AI自動控制。

等級1　　**輔助駕駛**　油門、剎車、方向盤其中之一，部分由AI自動控制。

等級0　　**手動駕駛**　全部由司機手動操作。

▲自動駕駛等級

■ 自動駕駛當前的課題

　　關於等級 2 的自駕技術，目前國內外的車廠皆已開發出自動剎車或自動跟隨前車的輔助裝置。

　　由於等級 2 充其量只是輔助，所以就算在事故發生當下有開啟 AI 輔助功能，肇事責任仍在人類司機身上。而過去國內外也曾發生過數起司機在等級 2 自駕模式下分心或低頭玩手機，而來不及掌握方向盤導致的交通事故。

　　目前的自駕技術在影像辨識精度方面仍存在問題。未來自駕車普及後，敵意攻擊（☞ 3-5）引發交通事故的風險也許將成為現實。

　　另外，資料學習的偏誤也是一大考驗。各製造商生產的汽車都會在全球販售，但在某國隨處可見的景色和環境，在另一個國家或地區可能會截然不同。

■ 日本的道路交通法修正

　　2020 年 4 月，日本領先全球修正道路交通法，規定在等級 3 自動駕駛模式下，只要司機可以馬上接管駕駛，那就可以自由滑手機。換言之，在自動駕駛（等級 3）時發生交通事故，司機不會被咎責。然而，條件是司機必須有能力馬上接管駕駛，所以酒駕和沒有坐在駕駛座上依然是違法的。

　　那麼，假如真的發生交通事故的話，要怎麼判斷責任呢？如果是自動駕駛系統有疏失，將由汽車製造商承擔肇事責任，並由保險公司負責賠償。

■ 自駕車的販賣

　　隨著修法完成，本田汽車也在 2021 年 3 月發表了全球首款等級 3 的自動駕駛汽車。在過去的道路實驗中，等級 3 以上的自駕車只能在規定的空間或地區進行試驗，但這輛車將可在一般公路上行駛。期待未來其他汽車廠商也能推出等級 3 的自駕車。

當各國都還在努力脫離等級 1 時，Google 卻突然宣布要開發等級 4 的自駕技術，一時蔚為話題。

但 Google 原本不是汽車公司吧？現在好多公司都跨入這個領域呢！

醫療用 AI

除了自駕車外，另一個正逐漸將 AI 的自動決策研究投入實用的領域是醫療。目前，日本的醫師法規定所有醫療行為必須由醫療人員進行最後的判斷。然而在醫療的診療過程中，愈來愈多院所開始使用 AI 輔助診斷。

儘管近年已出現在判斷疾病的能力上逼近人類醫生的 AI，但還是必須由人類做最後的判斷。

■ 診療輔助的種類

醫用 AI 也有很多種類。在診療時，醫師會先向病患或使用者取得資料，再交給 AI 進行分析，輸出結果。

在輸入層面，利用 AI 進行聲音辨識和資料管理，可以減少醫療人員的負擔和使用者的等待時間。在分析的層面，AI 也可以防止醫療人員漏看某些訊息。假如能開發出像自動駕駛等級 4 那樣可以自動進行診療的 AI，相信應能讓病患看病的時間和地點有更多選擇。

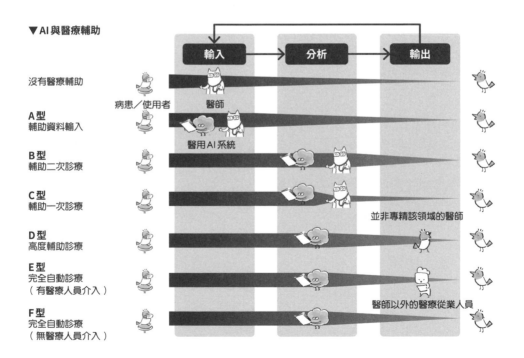

▼AI 與醫療輔助

※藍色的線是診斷結果到達病患／使用者手中之前，經過醫師、醫療人員、醫用 AI 系統處理的資訊量。

■ 專家的工作會被AI搶走嗎？

　　左頁的圖是筆者們製作的醫療 AI 系統分類表。從圖中可以看出，E 型和 F 型的 AI 已可完全自動診療，不需要醫生。

　　現在除了醫療之外，人們也在議論律師和法官等專家的工作會不會被 AI 搶走。這個問題的答案是「看情況」。

　　過去許多只能全部由專家處理的資訊和工作，可以在 AI 的幫助下大幅減輕負擔。譬如圖中的 B 型和 C 型 AI 看起來很相似，但 B 型 AI 不會減少任何醫生處理資訊的負擔。當技術的精準度不高時，AI 也有可能發生疏漏，所以必須選擇 B 型的 AI（由 AI 進行複檢）。

　　隨著技術的精確度提高，AI 能夠做出精確度匹敵人類的判斷，就能先讓 AI 進行診斷，再交給醫生參考結果做最後的診斷，減少醫療人員的負擔。就這點來看，B 型 AI 屬於過渡期的使用方式，而非「因為精準度太低而不能用」。

　　通常醫療診斷會由好幾名醫師進行多次確認，即使只把其中 1 人份的工作交給 AI 代勞，也能減輕整體的醫療人力負擔。由此可見，只要分清楚 AI 能做什麼又不能做什麼，就能讓人類和機器進行妥善的分工。

■ 分類型而不分等級

　　當初在製作醫用 AI 系統的分類時，原本是像自動駕駛那樣用「等級」來區分。但在跟醫療從業者討論後，發現有些人對於等級這種線性分類表示抗拒。

　　在自動駕駛領域，技術是從等級 1 依序往上提升到 2、3 級，以達到等級 5 的完全自動駕駛，也就是以完全不需要司機為目標。

　　然而在醫療領域，目前法律規定必須由醫師進行最後的判斷。也許將來有一天，法律會開放輕症或慢性疾病讓 AI 進行自動診斷，但恐怕所有疾病都不需要醫生的那天永遠也不會到來。

　　因此，我們決定不用「等級」，而用「類型」來分類。表中沒有哪個類型比另一個類型更優秀，重要的是依照技術精確度、法律等社會制度，以及使用者的需求來選擇最適合的類型。

當事故或意外發生時，AI 可無法承擔責任喔。

工作與任務

現在社會上流傳著「人類的工作會被機器搶走」的憂慮,以及完全相反的
「人類可以把雜事全交給AI,專心從事只有人類才能做到的工作」這兩種說法。
的確,有些工作的任務內容非常明確,AI(機器)很擅長處理這種工作,
但也並非所有工作都是如此。

會被機器搶走的不是工作,而是任務

我們俗稱的「工作」,其實是許多個別任務的總和。而機器只能處理某些特定的任務(☞2-8),無法完成模糊不清的指令。所以,人類必須將工作的內容分解成任務,再對機器下達指令。

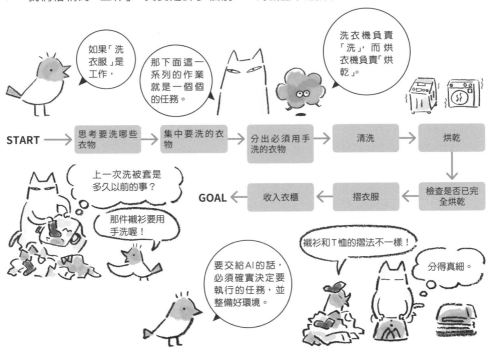

■ 難以分解成任務的隱性勞動

譬如洗衣服的上位概念「家事」，是所有與「家中雜務」有關的作業總和。而「家事」有很多「無名的家事」和「看不見的家事」。「行政」、「育兒」、「照護」等工作也一樣。

而行政機器人和照護機器人做的，只有如自動分類文件或移動照護對象等單一的任務，若要執行其他行政或照護任務，就必須組合其他系統。當中也可能會剩下一些只有人類才辦得到的作業。換言之，人類和機器的共同作業正變得愈來愈複雜。

工作只會愈來愈多？

確實，把一部分的作業交給機器完成，可以提升整體的工作效率。然而，人類的工作中只有一部分可以被機器取代。

在歷史學家Ruth Schwartz Cowan的著作，《More Work for Mother（母親愈來愈忙）》中以白色家電為例，講述了家事在人類歷史中發生了何種變化。在20世紀洗衣機進入家庭後，過去習慣交給下人或洗衣業者的洗衣工作變成了「母親」的工作。洗衣服變成了可以自己在家完成的工作，洗衣的量和頻率必然地增加。

然而另一方面，與洗衣綁定的任務，如晾衣服、摺衣服等，卻沒有跟著自動化，結果媽媽們不僅沒有變輕鬆，工作反而還愈來愈多。

■ 用機器而不反被機器所用

前面雖然是用洗衣服當例子，但現代其他工作也正發生類似的現象。在引進機器後，為了使機器運行更流暢，不得不對資料進行預處理，或是整理環境、處理機器無法應付的異常狀況等等，人類的工作可能反而還變多了。

雖然機器可以24小時全天運作，但人類辦不到。硬是讓人類去配合機器，並不是什麼良策。

另一方面，讓機器去配合人類的反應速度和處理速度又更本末倒置，失去機械化的意義。所以，必須由人類適當地設計引進機器的目的，和人與機器的任務分工。

仔細想想，人類能應對環境變化和異常事件還真厲害。

column

分工研討會

這裡介紹一個幫助大家思考人類與機器分工的討論活動。這個活動的目的不是讓參與者達成共識或說服其他人，而是透過討論為什麼無法達成共識，來幫助參與者認識與自己不同價值觀的思考方式。需時約1個小時。

①募集參加者，建立正確討論的心態

約定好「不批判對方」、「從當事者的角度來思考」、「不害怕改變話題」等規定。參加者的年齡、性別、職業愈多元，愈能聽到各種不同的意見。

②個人環節（5分鐘）

把自己想到的生活或工作等場合，要思考的「任務」寫在便條紙上。類別和內容可以都不一樣沒關係。

③團體討論1（15分鐘）

把右邊的圖寫在一張大紙上，分成數人一組，一邊討論自己寫下的「任務」一邊進行分類。可以借用其他人的點子，把新想到的任務也加上去。然後把那些無法取得共識的部分貼在圖中央。

刷牙　淋浴　微伸展運動　檢查電子郵件　通勤　陪上司閒聊

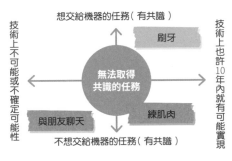

想交給機器的任務（有共識）

技術上不可能或不確定可能性

無法取得共識的任務

技術上也許10年內就有可能實現

刷牙

與朋友聊天　練肌肉

不想交給機器的任務（有共識）

④團體討論2（10分鐘）

　　任務全部分類完畢或討論時間到以後，開始討論貼在大紙中央的「無法取得共識的任務」。

　　這些任務無法取得共識，通常是因為它們的內容有多種含義，或是定義比較模糊。首先，請思考能否透過進一步分割任務來取得共識。至於無論如何都無法取得共識的任務，就照樣留在中央。

⑤回顧（20分鐘）

　　首先來看看「想交給機器」的任務。即使是擔心工作會被機器搶走的人，也會意外地發現有些任務自己其實是「希望被搶走」的。那麼為什麼在現實中它們沒有被機器取代呢？想想看是因為制度或習慣的因素嗎？還是有其他原因呢？

　　接著再看看「不想交給機器」的任

想交給機器的任務（有共識）

補充日用品

無法取得
共識的任務

購物

逛街

技術上不可能或不確定可能性

技術上也許10年內就有可能實現

不想交給機器的任務（有共識）

> 購物可以分成「逛街」和「補充日用品」。

務，可以看到每個人所重視的價值觀。這些任務就是即使技術上AI可以辦到，但還是不想交給機器的任務。

　　另外，假如存在「其實很想自己做，但因為給機器做更有效率，所以還是選擇交給機器」的任務，那麼或許可以去思考我們是否真的想生活在那樣的社會。

> 為了取得共識，還必須具備分割任務的能力。在未來，這可能會是一項必備技能。

有很多種呢

> 是啊，但是分得太細也是問題。譬如「道歉」或「友情」，假如分割得太細，可能會變得毫無意義。

該讓機器做什麼？

決定機器和人類如何分工的，始終還是人類。
如果誤判工作要實現的目的或技術的性能，
可能反而令工作變多或使人變得更忙。

是麻煩的工作還是有意義的工作？

　　由於現在 AI 能完成的任務還十分有限，只要遇到稍微複雜一點的工作，仍必須由人類插手。因為機器可以替我們完成那些例行性或簡單的工作，所以剩下來的或許可以說是對人類而言「有意義的工作」。然而另一方面，這些工作也可以說是「困難、不尋常、麻煩棘手的工作」。

感謝處理。

由人類來做才有意義的工作

　　接待客戶的任務，以及照護中的對話任務等，或許機器人和 AI 也能辦得到，但也有人認為，人類需要的是與人實際接觸才能獲得的資訊，或是與人對話這件事本身。又或者事實可能恰好相反，其實人們會覺得「因為機器不用顧慮心情，所以反而好相處」。是不是所有機器能做到的任務都要交給機器來做，必須從人類的價值觀和目的來思考。

排好隊！

要等到啥時？

你要怎麼幫我？

接下來要怎麼做？

用法決定技術好壞

在運用一項技術時，「想創造什麼樣的社會」、「想建立何種工作型態」等願景很重要。

譬如，減少作業量有助於工作效率化。不只人事費，效率化也可以減少作業的時間和金錢成本。

然而，效率化本身只能達到「快速」、「便宜」，無法在品質上創造「新價值」。是要用技術減少人力、用更少的人員從事相同的作業，還是用技術節省下來的時間提升員工的福利或創造新的價值，相信不同的經營願景會有不同的答案。

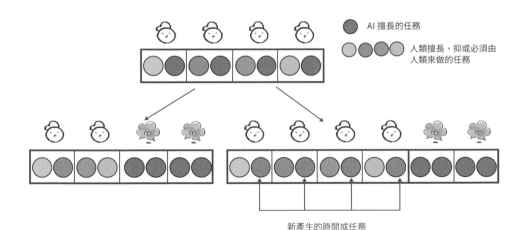

AI 擅長的任務

人類擅長，抑或必須由人類來做的任務

新產生的時間或任務

因為引進AI而減少了作業量……

A公司老闆

減少開銷最大的人事成本，也能用相同的勞動時間做完工作。效率化萬歲！

增加員工的閒暇時間，或是開放員工去做其他事吧！

B公司老闆

改良與改革

現代人的生活和工作，全都離不開以資訊科技為首的各種機器。
然而要從現在所有的產品或服務轉換到新一代的服務，得花費很多時間和金錢。
這叫做鎖定效應。一旦被綁死在特定產品上，
將可能完全失去引進新技術或新制度的動機。

改良還是改革？

正式引進 AI 技術的時候，相關者之間必須對是要「改良」還是「改革」現狀達成共識（下表）。

需要的不是技術革新，而是意識改革

譬如，要推動資料的運用，製作保護個資的規則和管理與分享資料的機制十分重要

▼改良與改革

	改良 （Improvement）	改革 （Innovation）
當前框架	肯定、沿襲	否定、破壞
變化的時間單位	數週～1年	數年～數十年
目的	現狀的最佳化和效率化	創造新的價值觀
法律	用現行法律即可處理	可能需要配合法律或制度的變革
優點	可以立即得到肉眼可見的成果	可以解決既存的結構性問題。譬如 Uber 等利用零碎時間賺外快的零工經濟，轉換了人們的工作和生活型態、移動方式及時間觀念
缺點	雖然短期可看到成果，但最佳化過後難以再期待大幅度的改變，時間和成本難以進一步提升效率	正因為具有破壞性，會動搖既有的社會制度，可能讓多數人受到經濟面、社會面的衝擊。因此，必須經過社會全體的討論，思考如何幫助那些受影響的人
	只要依然肯定現狀，就無法從部分最佳化進步至整體最佳化，也可能反而讓某些部分變得更沒效率。譬如有些企業在 COVID-19 疫情中採取遠距工作，但員工還是得為了替文件蓋章而特地跑去公司	要看到改變需要時間，而且牽連的人數很多，因此願景可能發生歧異，最終變成部分最佳化的集合

（☞4-8）。在過去，會花錢保護並管理資料的只有政府和企業，而且各有各的規格和標準。

然而，不同搜集和管理資料的主體各自為政，使得資料分散又缺乏相容性，導致個資外洩、企業搶奪客戶等問題。

因此近年有些人轉換想法，開始提倡資料的控制權應該由資料所有人掌握，而不是交給政府和企業。

歐洲已開始倡議資料可攜權（Data portability）的觀念。在日本也同樣出現俗稱情報銀行的類似概念，開始討論個人的各種資料，譬如醫療或教育等資料，是否不應交給政府和企業保存，而應建立由每個人自己保管的機制。

若能實現這樣的機制，或許就能避免特定組織綁架資料和使用者的競爭行為，並促成新服務和新產業的出現。

另一方面，假如要用另一種與過去截然不同的資料搜集和管理方法來進行「改革」，除了技術之外，也必須提升技術的使用者們對資料管理和隱私的正確觀念，產生新的課題。

企業的影響力

AI的價值觀雖然無法直接用肉眼看到，但AI系統的設計理念會反映出這個系統重視什麼樣的價值。因此，在一個地區被廣泛接

資料誰來管理？

改良：由組織管理

數位化轉型　最新資安技術
提升速度　標註重點
Data

改革：由個人管理

Data

納的產品或服務，到了另一個地方仍有可能不被接納。

但在這樣的背景下，的確有一小部分巨型企業的產品和服務在全球都佔有極大的市場份額。而當一間企業的設計理念與特定國家或地區相衝突時，使用者就不得不面對價值交換的問題（☞1-2）。

■ 平台營運商

在AI相關的巨型企業中，美國的Google、Amazon、Facebook（現在名為Meta）、Apple被合稱為GAFA（取自每家公司的開頭字母）。後來也有人再加上微軟公司稱之為GAFAM。而與美國對抗的中國則有百度、阿里巴巴、騰訊，這3家公司也同樣取其開頭字母被合稱為BAT。也有人再加上華為稱之為BATH。

這些企業通常被稱為網路平台營運商（Platformer）。所謂的平台，就是能讓使用者體驗美好新事物的場所。譬如，透過搜尋獲得新知識、邂逅好用的產品或新朋友、在最新的裝置上獲得前所未有的體驗。而為了提供最好的體驗，平台營運商會搜集人們的

資料和資訊，利用這些資料創造新的服務或資料。

■ 平台營運商的壟斷

由於平台營運商提供的產品和服務很吸引人，而且這些企業都會試著把消費者綁在自己的服務上，因此這十幾年來，市場完全被極少數的幾家平台業者壟斷。

要了解平台營運商的壟斷情況，最常被拿出來的資料就是全球企業市值排名。在1990年代，全球市值前十大的企業都是電力和電話公司；而進入2000年代後，這個榜單則被銀行等金融企業霸佔。但在2010年代之後，資訊類的新創企業逐漸展露頭角。到了2020年代的現在，全球市值前十大企業已幾乎被前述的美國GAFAM和中國的BAT（但有擠進前十的只有阿里巴巴和騰訊）獨佔。

近年因為COVID-19疫情的關係，網路通訊和網路購物的使用數量大增，資訊類的平台營運業者更是賺得錢包鼓鼓。

而從各種角度來看，我們的生活中也處處可見上述企業的產品和服務，不難理解為什麼會有這樣的排名結果。

美國和中國的平台業者很強大耶。

- 全球廣告支出
  90% 投入 Google 和 Facebook
- 手機 OS
  Google 和 Apple 佔 99%

- 桌上型 OS
  Apple 和微軟佔 95%
- 全球電子商務
  阿里巴巴和 Amazon 佔 40%

並適用於所有歐盟國家。2020年，Google 公司也因違反 GDPR 而被罰款 5000 萬歐元（約 15 億台幣），顯示國際已開始對這些網路巨頭展開管制。

■ 汽車平台

另外，日本企業直到 90 年代都還是全球市值排名前幾名的常客，但近年已下跌到 40 名左右。其中，豐田汽車在日本國內排名列前茅。在汽車產業，近年特斯拉的市值急速上升，引起旋風。特斯拉專注於研發電動車和自駕車，而且也有投入 AI 研究。而特斯拉的市值在 2020 年超越豐田，其漲幅之快引起不少討論。

2021 年 1 月，特斯拉也公開了旗下 Model 3 在幾乎沒有人力介入的狀態下，從洛杉磯自動行駛至矽谷的等級 4 完全自動駕駛（☞6-1）展示影片。

■ 平台管制

目前社會正在激辯，是否該立法管制這些壟斷市場的平台企業。其中一個很大的論點是為了保護個人資訊和隱私。平台營運商會利用個人資訊、消費紀錄、社群網路上的貼文和轉推來為使用者提供客製化的服務，但因為對個資的使用不透明，所以在隱私問題上存在隱憂。

為了保護個人資訊和隱私，歐洲已於 2018 年通過俗稱一般資料保護規範（General Data Protection Regulation；GDPR）的個資法，

中國的戰略是藉著封鎖 Google 搜尋引擎來扶植本國的同類產業。產業、國家和研究的關係也會因國家和地區而異。

資料運用的課題

在數位化轉型浪潮下,現代政府和企業開始利用資料和 AI,
嘗試運用新科技來改良和改革社會問題。
而除了 AI 相關的開發工具外,許多公共地圖和資料也開放公眾使用(☞ 3-8)。
組合不同的公開資料,可以創造更方便的工具。
然而,在社會問題得到解決之前,資料的運用仍存在許多難題。

若能妥善運用資料……

災難發生時,如果任何人都能迅速得知建築物的結構或消防栓的位置,遇難者或許就有更高的機率獲救。

醫療資料也是,藉由分析檢查的統計資料,或許就能提前幫助人們發現某些只能靠自己察覺的疾病。

而在農業和漁業,將專家的隱性知識資料化並分享,再結合天氣和氣候等資料,或許便能提升收穫量。

要想提升 AI 的精確度,資料的品質十分重要。現在各個領域也都在進行技術和制度的整備,以促進資料的運用。

資料運用面對的高牆

然而,資料的運用仍存在幾道高牆。而且就算在技術上可行,也不代表在法律和倫理上沒有問題。

■ 紙

要利用資料,資料必須先經過電子化,但目前仍有很多包含公文在內的文件是用紙張來保存,阻礙了運用。因此,必須先經過把紙本資料轉換成電子資料的作業。

■ 相容性

資料「以何種形式保存」也很重要。有時也可能遇到「雖然拿到了文本或圖片資料,但自己的電腦卻打不開」、「必須先購買和安裝專用軟體才能開啟」等情況。

儘管目前各種資料都在推動標準化,但資料的「加拉巴哥化※」仍是一大問題。

■ 安全性和隱私

在運用資料時,並非所有資料都適合公開。例如個人的醫療資訊就要小心處理,必須配合完備的法律制度和匿名化,且取得本人同意(☞ 4-8)。

還有,像是重要建築物的各樓層平面資料,在外國也被指出可能有被恐怖分子惡用的風險,因此不對外公開。

■ 組合的問題

　　即便資料本身已經公開，也不等於所有人都接受把公開的資料拿去跟其他資料組合。

　　譬如，現在有些城市村鎮會在政府網站上公開犯罪和意外發生的地點資訊。將這些資料跟地圖結合，就能製作犯罪預防地圖。然而另一方面，也有居民「不想被人知道自家附近有犯罪發生」或「不想土地價格因此下跌」。

　　還有，在日本政府的官方報紙「官報」上，可以查到自主申報破產者的個人資訊（姓名、住址、破產日期）。2019 年時，就有人將此資料作成地圖給人在網路上查詢，結果引發問題。目前此網站已經關閉。

※ 日本的商業用語。形容長期在孤立環境進行內部最佳化，與外部生態脫節，導致產品喪失通用性和競爭力。就好像加拉巴哥群島因長期與世隔絕而發展出獨特的生態系。

COVID-19 對策和資料

東京都已開放公眾查詢都內的篩檢陽性人數、屬性，以及呼叫中心的通報件數等資訊了喔！

最初東京都是用人力和傳真機來統計感染者數量，所以一名感染者從篩檢陽性到公布需要花上整整 3 天呢！

AI 治理

從開發 AI 到上線給使用者使用，也就是將 AI 實際放到社會上運作，
需要經過許多開發者之手。而牽連到的人愈多，對於人和機器的協作型態、
發生事故和意外時由誰負責等問題，就愈需要從開發階段就審慎思考。

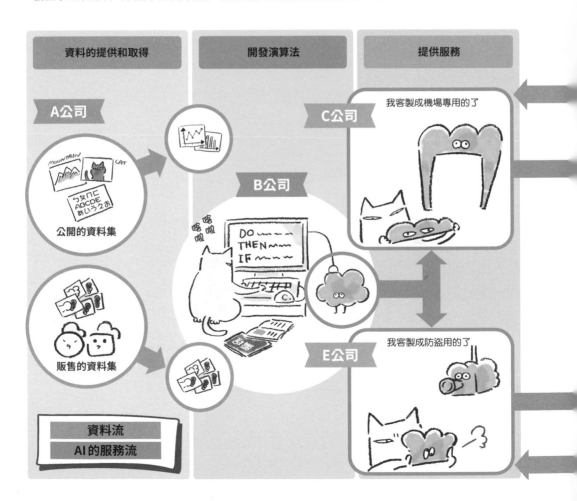

何謂 AI 治理？

　　治理（Governance）在英文的意思是統治、管理、引導方向等意思。而組織的治理，指的是一個組織藉由建立合適的管理體系，來避免事故和意外發生。

　　而所謂的 AI 治理，則是在思考提供 AI 服務和產品的研究機構和企業，應建立何種管理體制，才能在取得、提供資料到提供服務的一系列流程中避免事故和意外發生。

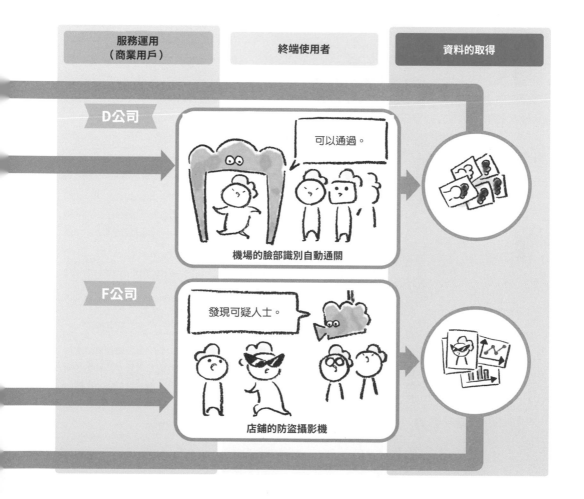

服務運用（商業用戶）　　終端使用者　　資料的取得

D公司　　可以通過。　　機場的臉部識別自動通關

F公司　　發現可疑人士。　　店鋪的防盜攝影機

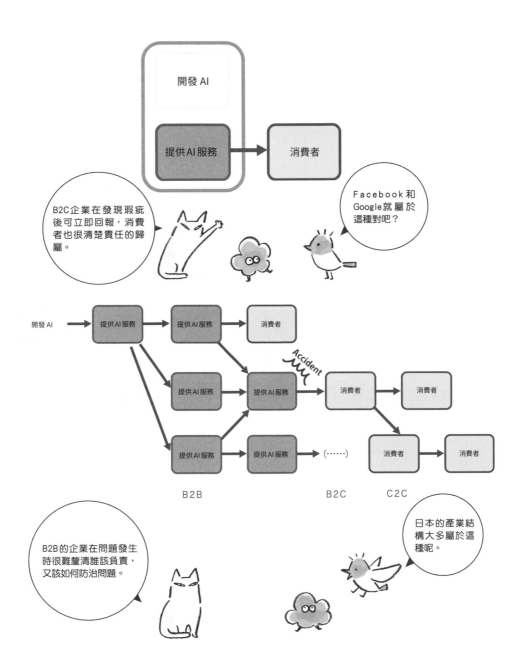

開發 AI

提供AI服務 → 消費者

B2C企業在發現瑕疵後可立即回報,消費者也很清楚責任的歸屬。

Facebook和Google就屬於這種對吧?

開發 AI → 提供AI服務 → 提供AI服務 → 消費者

提供AI服務 → 提供AI服務 → 消費者 → 消費者

Accident

提供AI服務 → 提供AI服務 → (……) 消費者 → 消費者

B2B　　　　　　　B2C　C2C

B2B的企業在問題發生時很難釐清誰該負責,又該如何防治問題。

日本的產業結構大多屬於這種呢。

產業結構的差異

開發AI服務和產品時，首先會搜集資料，然後設計演算法，再讓AI進行學習（☞2-5）。在此過程中開發者會監視品質有沒有問題（☞3-2）、仔細審查資料和資料集有沒有瑕疵（☞4-3）。如果都沒有問題的話就會進入實證階段，然後上線提供服務。

■ B2C 企業

現在，美國和中國的科技巨頭（☞6-4）大部分是屬於直接把服務賣給消費者的 Business to Customer（B2C）公司。這些公司從搜集資料、AI的設計和研發、服務的上線和運用都在自家內部完成，因此所有風險的處理和責任歸屬都十分明確。

同時，因為能直接跟消費者溝通，所以也比較容易掌握問題。但另一方面，為了讓消費者認識自己，必須花錢投放廣告等宣傳，成本相對較高。

■ B2B 企業

另一方面，大多數的日本企業不會把AI服務或系統提供給消費者，而是提供給其他企業使用，屬於Business to Business（B2B）企業。B2B企業的客戶在某種程度上是固定不變的，所以可能不只一項服務，而跟很多領域的B2C公司有著商業往來。因此，當演算法或資料發生問題時，就很難判斷責任歸屬和追溯問題。由於從開發到服務送至消費者手裡的路徑很長，因此很難查出問題出在哪個環節。

假如AI具有「持續學習」的特徵，在服務上線後仍會不斷學習，那問題又會更加複雜。負責開發的公司把訓練好的AI交給另一間B2B公司，然後接手的公司又更新了訓練資料，請問當資料出現偏誤或發生問題時，究竟哪家公司應該負責呢？

當供應鏈很長時，消費者往往只能看到直接提供服務的企業，無法看見上游的B2B企業。有時消費者以為這個AI是B2C公司製作的，但實際上這間公司可能也沒有關於這個AI的詳細資訊。事實上不少B2C企業雖然本身是日本公司，但服務中運用的AI都是外國公司開發的。

■ C2C、C2B 等新型態

AI相關產業的結構之所以複雜，是因為還存在Customer to Customer（C2C）這種型態。譬如跳蚤市場應用（flea market application）就是消費者向消費者販賣服務和產品。

不僅如此，現在甚至開始出現Customer to Business這種反過來由消費者向企業提供服務或資料的形式。

COVID-19 與資料治理

G2B 和 B2G 的資料共享

　　為了應對自 2019 年末在全球蔓延開來的 COVID-19，人們開始推動資料的共享。在過去，政府也會公開部分與政府相關的統計資料（☞3-8）。而在 COVID-19 方面，各國政府也公開傳染情況等即時資訊，提供給企業和公民團體使用。

　　另外，除了政府將自己擁有的資料分享給民間的 Government to Business（G2B）外，也能看到有民間企業將自己平時取得的使用者資料提供出來應用在行政中的 Business to Government（B2G）現象。

　　舉例而言，2021 年的現在，在日本內閣官房的「新型冠狀病毒感染症對策」網站上，便公開了以東京為首的各大都市的人流變化。這些資料就是取自民間電信業者提供的統計資料。

同意和目的外使用等課題

　　政府內的各部門，以及政府和民間企業，或是民間企業彼此分享資料，有時可以帶來公眾的利益。然而，未經同意或告知就擅自分享一般消費者的資料，卻會構成問題（☞6-5）。

・當公共安全 App 變成監視工具

　　2021 年新加坡政府宣布「將把原本為應對新型冠狀病毒而引進的確診者足跡 App 用於重大犯罪偵查」。但新加坡政府原本宣稱「從 App 搜集的資料只會用於追蹤接觸者的足跡」。新加坡在 2021 年 1 月時，已有近 8 成的國民使用過該確診者足跡 App，因此政府將可能透過這款 App 來掌握國民的個人資料。

　　為了公共安全而開發的 App，卻變成了政府監視人民的工具，從隱私的角度來看著實令人擔憂。

運用的問題

　　日本的 COVID-19 對策 App 雖然只會搜集隱私侵犯程度較輕的確診者接觸資訊（☞7-3），但系統的開發和管理體制卻被指出存在問題。

　　該 App 在 2020 年 6 月上架，但剛推出不久就發生無法正確登記確診者的問題。不僅如此，在 2021 年 1 月，日本厚生勞動省才出來坦承該 App 在 Android 和部分 iPhone 上存在瑕疵。自 9 月末開始的 4 個多月間，即使實際有接觸到確診者也會顯示「未曾接觸」。

治理的問題

　　日本的確診者接觸App之所以這麼晚才發現問題，其中一大原因是供應鏈太長（☞6-6）。從厚生勞動省那邊承包開發的公司，在接下案子後又把開發工作往下承包給多間企業。

　　不僅如此，因為App的功能是取自Google和Apple公司開發的程式碼，所以不是開發完後就沒事了，還必須持續監視追蹤（monitoring）系統（☞3-2）。當Google的Android系統和Apple的iOS系統發布新的安全性更新，App也必須跟著更新或升級版本。

　　而參與開發過程的開發者愈多，營運的成本也就愈大。另外，也很難找出問題出在哪裡。

　　不僅如此，對於確診者接觸App這個案子，發包方的厚生勞動省也被指責缺乏瞭解科技知識的人才。經過這起事件，也讓人們再次認識到整備開發App或AI時的管理體制（governance）的重要性。

承包系統的問題

> 請幫我開發檢測有無接觸確診者的App。

> 了解。我會挑選合適的業者委託他們研發。

> 有些技術C公司比我們更強，這部分包給他們做。

> 因為各種資料錯綜複雜，App沒法正常運作。

> App出問題的責任不在我們，應該由承包商負責才對吧!?

厚生勞動省　　企業A　　企業B　　企業C

建立 AI 治理的生態系統

所謂的AI治理，指的是一個組織內與 AI有關的治理。然而，如同前面一路介紹的，考量到AI「會學習」的特徵和日本的產業結構，光靠單一的公司或組織是無法應對

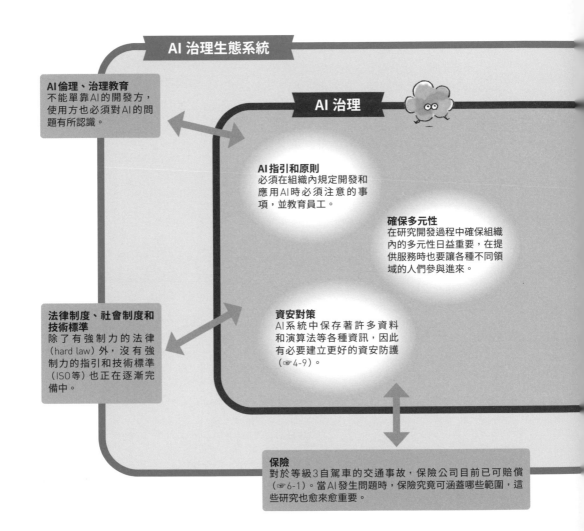

AI 治理生態系統

AI 治理

AI倫理、治理教育
不能單靠AI的開發方，使用方也必須對AI的問題有所認識。

AI指引和原則
必須在組織內規定開發和應用AI時必須注意的事項，並教育員工。

確保多元性
在研究開發過程中確保組織內的多元性日益重要，在提供服務時也要讓各種不同領域的人們參與進來。

法律制度、社會制度和技術標準
除了有強制力的法律（hard law）外，沒有強制力的指引和技術標準（ISO等）也正在逐漸完備中。

資安對策
AI系統中保存著許多資料和演算法等各種資訊，因此有必要建立更好的資安防護（☞4-9）。

保險
對於等級3自駕車的交通事故，保險公司目前已可賠償（☞6-1）。當AI發生問題時，保險究竟可涵蓋哪些範圍，這些研究也愈來愈重要。

AI帶來的問題的。

　　因此，必須跟其他許許多多的機構和組織攜手合作，設下雙重甚至三重的防護網，來預防AI帶來的問題。

　　像這樣結合不同的概念和組織來思考AI相關的治理問題，就叫做AI治理的生態系統（ecosystem）。

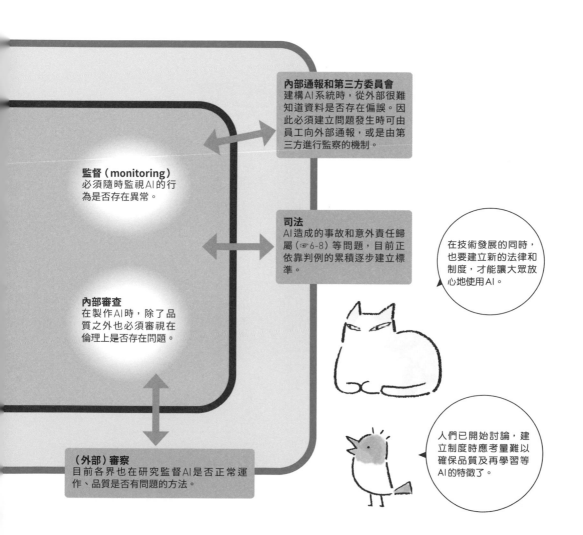

監督（monitoring）
必須隨時監視AI的行為是否存在異常。

內部審查
在製作AI時，除了品質之外也必須審視在倫理上是否存在問題。

（外部）審察
目前各界也在研究監督AI是否正常運作、品質是否有問題的方法。

內部通報和第三方委員會
建構AI系統時，從外部很難知道資料是否存在偏誤。因此必須建立問題發生時可由員工向外部通報，或是由第三方進行監察的機制。

司法
AI造成的事故和意外責任歸屬（☞6-8）等問題，目前正依靠判例的累積逐步建立標準。

在技術發展的同時，也要建立新的法律和制度，才能讓大眾放心地使用AI。

人們已開始討論，建立制度時應考量難以確保品質及再學習等AI的特徵了。

與人相關性和風險管理

人與機器的關係可以有很多種設計方式（☞1-3）。
對於自動駕駛等事故和意外發生風險高的應用，
基於何種設計理念來定位人和機器的關係十分重要（☞7-3）。
到底在哪些情境下，我們可以允許機器自己去辨識和預測呢？

嚴重度和頻率

　　有一種看法認為，我們可以從風險的嚴重度和發生頻率來決定人類的介入比例。譬如，醫療和交通等「萬一發生意外就會造成重大影響的情境」，應該由人類介入負責最終決策。這叫做人類參與原則。

　　另一方面，發生頻率和嚴重度不高的事項，則可在某種程度完全交給機器，不需要人力介入。

緊急停止按鈕的研究和教育

　　思考風險時的一大難題，在於發生頻率高但嚴重度低的風險，以及嚴重度高但發生頻率低的風險。針對這類風險，有人認為應該設計一種在緊急時刻可以讓人類強制停下機器的方法。

　　這個概念不限於機器，事實上還關係到人類到底有沒有能力判斷何時是「緊急時刻」，也就是對人類的教育。

■ 時間

　　機器的判斷速度有時比人類快得多。譬如，現在的外匯交易幾乎已經都改由機器下單（☞6-1）。人類可能一個不小心就會將1股100日圓的股票設定成1股1日圓，也曾發生過新發行的股份在幾秒內就被搶購一空的案例。

　　還有，2009年發生的法國航空447號空難中，在速度計故障短短4分鐘後，飛機便墜入海中。調查報告發現，這起空難的發生原因乃是身為專家的飛行員沒能及時對機器突發的故障進行應對。

■ 知識

　　即使不知道在機器背後運作的演算法，人類仍舊可以操作機器。然而當問題發生時，我們無法保證現場會有具備足夠知識的人可以處理。現代的機器做得愈來愈聰明，完全不需要專業知識也能操作；但一旦系統發生故障，卻比以往更需要具備高度專門知識的專家。

　　而且如果人類犯錯時，機器可以自動修正錯誤，人類反而會愈來愈不把錯誤放在心上。像現在手機的輸入法就可以自動修正錯誤的拼音。

　　因此，當機器發生問題時，是否存在可讓人類迅速找到「緊急停止」按鈕的機制，可在瞬間停下自動運行的機器，已逐漸成為一項課題。

　　然而，假如所有作業都要人類參與，反而又會失去引進AI的意義。因此，依照不同場合或時間，只在問題發生時存在可釐清責任歸屬和補償機制（☞6-8）的前提下使用AI（機器）愈發重要。

責任與信賴

在思考AI治理時，尤其是像日本這種產業結構，
光靠一間企業是無法在問題發生時獨自應對的。
儘管開發者也在嘗試開發可說明的AI（☞3-3）以尋找問題的發生點，
並針對不同風險設計人類介入的機制（☞6-7），
但對於使用者而言，有時人們真正在乎的不是「為什麼會出問題」，
而是「問題發生時誰來負責」。

何謂可信任的AI？

雖然最好的情況是AI完全不要引起事故和意外，但當AI自駕車真的發生車禍，或是AI沒有正確發現不良品而讓瑕疵品上架，以及訓練AI的資料不小心外流時，到底該由誰來負責和賠償，這就是所謂的可信任性問題。

發生問題時由誰來負責，這個概念在英文叫做accountability（問責）。也就是對結果承擔責任，或是回應責任的意思。

誰來負責？

若明明什麼都沒有做卻得為AI闖下的禍負責，相信任何人都不會接受，因此人們必須先理解為什麼AI會做出錯誤的行為。

然而，AI跟其他資訊技術不一樣，無法保證每次都能產出最恰當或一致的結果（☞3-2），或是會被噪訊影響而發生誤判，先天存在穩健性方面的棘手問題（☞3-5）。

不僅如此，因為搜集資料、開發演算法、提供和營運服務的公司都各不相同，當學習和改良的過程牽涉到多間不同公司時（☞6-6），更難分清楚該由誰來承擔責任。

在某些情況下，也有可能不是企業而是使用者濫用，因此導致損害了第三方的權益（☞4-7）。還有，也有人認為AI自主生成的資料，以及自動下單和對話的結果，都不是人類能夠干涉的。

然而，只要實際發生損害，就一定得有

兇手是A！
你的臉跟這張通緝照有99%相似！

人出來負責。否則大眾就無法安心地使用 AI 服務。

如何確保可信任性？

■ 確保透明性

確保透明性的意思，代表我們應該詳細記錄是誰、在哪裡、對 AI 做了哪些變更或修改，又是出於何種目的而製造了這個 AI，並讓大家知道出事時要找誰負責。有時監管機構和 ISO 等認證也可保證流程的透明性。

然而，由於當中也包含諸如 AI 的技術專利或企業的專有知識等不想公開的內容，所以要確保透明性並不容易。有些情況可以用保密契約來處理，但對於跨國企業，卻可能存在國際貿易戰和技術外流等國家層面的風險。

而且光是確保透明性，仍無法解決 AI 先天「無法保證每次都產出最合適或一致的結果」的缺陷，因此還是無法避免事故和意外發生。

■ 確保補償機制

既然無法 100% 預防問題發生，那就「在問題發生時進行補償，來讓使用者安心」，這也是一種方法。最簡單的方式就是保險。

譬如在發生自駕車撞到路人的意外時，若無法釐清事故原因是 AI 還是人類司機，就無法確認誰該負責賠償，最終可能陷入漫長的官司，使得被撞者遲遲得不到補償。因此，已有汽車保險業者考量到未來自駕車上路後的情況，推出意外發生時「不論有無賠償責任皆可由保險公司理賠」的方案。

然而，保險公司也不願意每次都替事故發生率高的 AI 進行理賠。因此，提供 AI 的企業仍必須檢查自家的 AI 是否完善。換言之，透明性和補償機制兩者缺一不可。

它是個能用超乎期待的水準完成交辦任務的優秀傢伙，只不過個性有點浮躁，雖然做事認真但有些小地方卻意外地粗心，而且容易受騙。目前只能說可以用，但需要有人幫忙看著。

我可以信任這個 AI，把工作交給它嗎？

軍民兩用與軍事利用

目前可運用AI的場域有自動駕駛、醫療、不良品檢測等各式各樣的例子。
另外,雖然與我們的日常生活比較遙遠,
但本節我們將來看看現在全球都在議論的軍事利用層面。

殺手機器人?

聽到AI的軍事運用,很多人首先想到的是科幻電影中,擁有自我意識的殺手機器人吧。又或是剖析犯罪者特徵,在犯罪還未發生時就提前逮捕「未來很可能會犯罪的人」這種技術。

然而,實際上軍事領域對AI的需求,比起上述的想像要來得樸實無趣。

舉例來說,像是利用AI提升過去完全依賴人力的目標識別和檢測的正確度和速度。此外,還有像是利用大數據和監視攝影機的影像來預測人的移動。過去軍人必須親身前往戰場,但現在則能遙控無人機來偵查或攻擊。另外,還能用於諜報活動等,在戰場以外的後勤部分也能看到AI的身影。

民用和軍用的分界

雖說是軍事,但其實還是同一個產業,所以基本上就跟本章前面介紹的一樣,需要由人類來思考及判斷該把哪些任務交給機器

(☞6-3)。同時,軍用的AI技術也只是把過去由軍人執行的工作一部分換成機器,充其量只是一種改良而非改革(☞6-4)。

因此,像不良品檢測和臉部辨識等現已用於街頭和工廠的技術,也完全可以用在軍事上。這種不論民用還是軍用皆可應用的技術,就叫軍民兩用(dual-use)技術。

在技術的學習和工具已民主化(☞3-8)的現在,問題在於AI不只能被軍隊運用,也能被恐怖分子拿來使用。

此外,開發技術需要花錢,而開發軍民兩用技術可以同時拿到軍方的投資和民間的投資,因此在某些國家擁有特別充裕的研發環境。

混合戰爭

隨著技術發展,戰爭的型態也在變化。除了能用槍砲等武器發動攻擊,也能發動資訊戰和網路安全攻擊(☞4-9),或用假新聞(☞4-7)擾亂社會。現代戰爭除了常規、非常規交錯的軍事戰爭,還結合了網路攻擊和

輿論操作等心理戰，因此被稱為混合戰爭。因為混合戰爭的出現，戰爭期和和平期的界線也變得更加模糊。

決策高速化和人類參與

在使用AI等資訊科技的戰爭中，在某種程度上是可以實現辨識和預測的自動化的。這使得攻擊判斷變得更快速，在某些情境下甚至可以設定讓AI自動進行某些決策和行動。

決策的自動化不只是攻擊，或者說在防禦時更為重要。因為打仗時必須在受到攻擊的瞬間就立刻找出敵人並迎擊，有時人類的反應根本來不及應對（☞6-1）。

然而，AI的辨識和預測也不是完美的。

有時我們可能只想進行防禦，卻因為AI的誤判而被識別成攻擊的訊號。關於軍事決策是否應該要有人類參與，也就是自主武器（☞2-8）是否應該存在的問題，國際上也正在進行議論。

第 7 章

我們能做什麼？

本書在探討 AI 技術和社會問題時，
一直在強調發現無意識偏見的重要性。
最後我們要來探討為了找出偏見，
與不同領域和觀點的人們對話的重要性。

思考未來的願景

AI帶來的各種課題，大多只是映射出我們社會既有的問題。
只要社會沒有改變，AI的問題也得不到解決。為此我們必須不斷思考
「我們想成為什麼樣的人，生活在什麼樣的社會？」，並不斷嘗試和挑戰。

超科學的時代

在現代社會，要讓人們對知識和價值達成一致的看法相當困難，充斥著各種魚與熊掌不可得兼的棘手問題（Wicked problem）（☞1-2）。

除了圍繞著AI的討論外，還有像是基因編輯技術、環境問題、COVID-19等流行病，到處都是「科學可以發現問題，卻無法提供解答」的問題群。諸如此類的問題群被稱為超科學（Trans-science）問題。

在超科學的時代，光靠科學技術是無法解決人類社會的各種問題的。有時解決了某個問題的科技，可能會產生別的社會問題，社會和科技的關係變得愈加複雜。而就算在技術上和法律上都沒問題，仍可能存在大眾「就是不爽」這種情緒性、倫理性的問題。

假如硬要把這些問題當成AI的技術問題來解決，又有可能產生如道德漂白（☞4-4）等其他問題。

因此，從各種不同角度、與不同觀點的人們合作，一起思考科技和社會的問題與未來社會的願景，正變得愈來愈重要。

■ 科林格里奇困境

然而，科學技術的發展日新月異，要從一開始就吸納所有人的意見來創造完美的科技，早已是不可能的任務。

科學技術很難在被普及前就預測到會產生什麼效應，但在普及之後又往往很難去控制它。這種矛盾最初是由英國學者大衛·科林格里奇提出，因此又叫科林格里奇困境。

■ 敏捷治理

所以在開發和應用AI技術時必須保持敏捷（agile），也就是先討論出暫時性的合適結論，並對此結論保持開放態度，一邊吸收不同觀點的人們的回饋、一邊修正的靈活治理模式，換言之便是體制化（☞6-6）。這點不只是科技，也同樣適用於社會制度。

有些行業可能早已採用這種敏捷方法，也有些行業或領域可能很難落實。但在人們

價值、思維、行動模式都變得多元、複雜的現代，更需要不同觀點的人們參與，並時常回顧、反省自己。

從社會實驗到實驗社會

對於AI的應用，除了在實驗性質的環境中測試技術的「社會實驗」外，我們其實也生活在一個AI技術和社會都在共同變化的「實驗社會」。這樣的思考轉換十分重要。

在「實驗社會」中，不只是專家，我們每個人都必須去面對新出現的科技之社會價值。

不同領域、觀點的人們都應該共同參與決策，勇於扛起責任並扮演自己的角色，一同思考社會和科技要駛向什麼樣的未來，推動科學技術負責任的創新（Responsible Innovation）。

■ 察覺那些不被察覺的事物

本書討論的AI技術問題，大多源自無意識的偏見或特定國家、地區、職業、社群的內隱知識。而AI會強化這種內隱知識和偏見。

另一方面，AI也是一片反映人類社會與生活的鏡子。AI可以幫助我們認識問題、看見問題，察覺我們缺少的觀點和無知。

AI技術是好是壞，端看我們怎麼應用它。隨著AI被投入各種領域，人們也開始反思「我們究竟想要什麼樣的社會」。

包容與排擠

AI 相關的技術和環境正被愈來愈多人使用。
儘管 AI 擁有開放的文化，開發環境本身卻被批評非常封閉（☞4-4）。
為了讓 AI 造福人類全體，參與者的性別、人種等屬性的多樣性，
以及不論任何屬性都不會排擠的包容性十分重要。

AI 與包容性

有些設計即便是以服務特定對象為目的，實際上還是能讓大多數人受益。

譬如 AI 技術之一的聲音辨識技術，讓身障人士、幼童，以及高齡者也能直覺且直接地操作系統。但除此之外，這項技術也讓我們在運動或做菜時，雙手忙不過來也能控制。

選擇聲音和圖像辨識、文字對話等各種不同的輸出入方法，能讓使用者更容易使用一項服務。此類技術就叫做可達性（accessibility）高的技術。

■ AI 造成的排擠和政治性

另一方面，由於 AI 是從過去的資料來學習，所以可能會因其目的、用途或使用的資料，而導致某些人被排除在外。假如過去的學習資料存在偏誤，就有可能產生對不在框架內的人不利的辨識或預測結果（☞4-5）。

我們必須認識到，包含 AI 在內的人造物絕對不是完全中立，而具有與權力結構息息相關的政治性。

■ 環境整備的課題

有些不容易被發現的排擠效應，則不是由 AI 技術本身造成。譬如，含有大量影片或圖片的網站，由於存取資料量龐大，對於網路環境不好的人就形同「看不到」的網站。

假如你住在大城市的中心，那 5G 可能不是什麼遙不可及的東西，但即便是在先進國家日本，東京和其他地區也存在網路環境的不平等。世界上還有很多國家依然只有 2G 網路，整體的網路環境十分惡劣。

同時，很多服務都是以在智慧型手機等設備上運作為前提而開發，但根據日本總務省的白皮書，2019 年日本國民持有智慧型手機的比例只有 67.6%。

像是新冠病毒確診足跡 App，也存在著如何包容沒有智慧型手機的人的問題。

不僅如此，不論 AI 的技術開發環境如何民主化（☞3-8），仍需要諸如個人電腦和網

路等最低限度的初期成本。如何創造經濟不平等和環境負擔較少的開發環境,也是與AI有關的課題之一。

參與決策

　　人們很難清楚認識與自己所處環境或文化不同的事物。所以為了避免歧視或損害自己不了解的群體的利益,從設計的階段就讓多元族群共同參與決策十分重要。

　　然而,很多時候即便在設計和開發階段就傾聽各方意見,開發團隊也只把這些意見當成參考案例,沒有將意見反映在決策中。很多情況是儘管大家都認同多元族群參與議論的重要性,但會議本身卻缺乏多元性。

　　依照會議的性質,有時還必須考量專門性,無法只以確保多元性為目的。然而,除

了討論「什麼」之外,也要思考「如何」和「跟誰」一起進行決策。

■ AI自己也應參與決策嗎?

　　雖然聽起來有點科幻,但未來的社會在決策時,是否也應包容AI呢?雖然對過度的擬人化和對機器產生同理心應該保持謹慎態度(☞5-6),但人類與機器的關係總是不斷在變化。

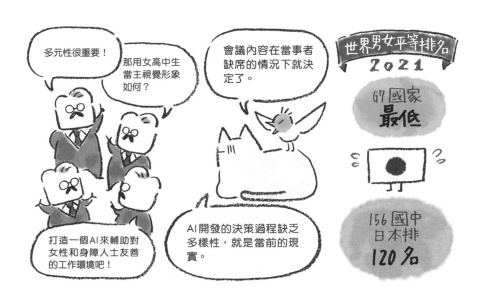

設計理念與納入設計

AI的運用有時存在價值的交換（☞1-2）。開發者重視的價值會有意識或無意識地
反映在技術設計上。不論是開發方還是使用方，如果沒有認識到產品和服務
並非價值中立，就有可能遇上意料之外的事故或意外。

納入設計（By Design）

　　一項產品或服務從立案、開發的階段就
考量隱私進行設計，就叫做隱私納入設計
（Privacy by Design: PbD）。同理，在開發階段
就考量安全的設計則叫安全性納入設計。

　　納入設計的概念之所以受到重視，是因
為使用AI技術的系統與隱私、安全性、公平
性等各種價值息息相關。若對價值的多元性
毫無自覺，將可能在不知不覺間造成意外發
生，或引起法律或倫理上的憂慮。

乍看之下一樣的系統，如
果設計理念不同的話，就
很難互相取代。

除了資料的相容性，也必
須思考系統的相容性。

[案例：飛機的自動駕駛]

　　對於AI會在某種程度上進行自動決策的
系統，通常都會加入在系統出錯或緊急事態
發生時，人類可以手動關閉的操作設計
（☞6-7）。然而，如果這個介面的設計難以
被使用者理解，就會造成意外。

　　譬如，若自動駕駛的操作權轉移機制太
複雜，就很容易引發事故和意外。波音和空
中巴士這兩家公司不同的設計理念，就常常
受到比較和批評。

　　波音公司（美國）是以人為先，當系統發
生異常時，機師只要手動扳動操縱桿就能關
閉自動駕駛功能，覆寫（overwrite）操控權
限。另一方面，空中巴士（法國）的設計是
以系統為先，要解除自動駕駛，機師必須完
成好幾道操作。

　　解除自動駕駛的方法太複雜，或是每家
的系統操作方法都不同，在意外發生時人類
就有可能反應不及。而這將會導致事故和意
外發生，所以開發者有責任妥善說明這個系

統是基於何種設計理念製作（☞5-7），使用者也必須在使用前有所認識。

[案例：COVID-19確診足跡App]

只要掌握所有確診者和接觸過確診者的人的行動，就能防止疫情擴散。基於這個概念，許多國家和地區都開發了屬於自己的COVID-19相關App。

但在各國開發相關App的過程中，卻遇到個資處理和隱私的難題（☞4-8）。掌握群眾的行蹤有利於公共衛生，但另一方面卻有可能侵犯人們的隱私，存在價值上的交換（☞1-2）。

而從各國App的設計理念差異，可以看出各國、各地區所重視的社會價值和重視程度（☞1-4）。

假如個人資訊由國家集中管理，政府即可輕鬆鎖定特定人物，並處罰違反防疫規定的人。雖然這種法律的強制力可望提升防疫的成效，但另一方面也有大規模監控的隱憂。比起隱私權更重視防疫的設計思想，被許多亞洲和中東國家所採用，積極向全國公民推廣此類App。

另一方面，相較於由國家集中管理，讓資料只保留在個人的手機設備上可以更好地保護隱私權。如歐美、非洲、日本等國就更重視隱私，選擇只開發提醒民眾可能與確診者接觸的App。這麼做雖然能保護隱私，但因為就算不安裝也沒有任何罰則，所以普及率方面令人傷腦筋。

▼**各國確診足跡 App 的資料管理方式比較**

資料儲存處	政府的伺服器					個人的裝置上
參與度	要求所有國民參加			確診者、確診接觸者、與入境者	任意	
政府能否鎖定特定國民	可能				因匿名故不可能	
資料	地理位置、個人資訊、臉部識別、消費紀錄	地理位置、個人資訊	接觸資訊、個人資訊	地理位置、個人資訊、消費紀錄	接觸資訊	
使用國	中國	印度、卡達、以色列	新加坡	韓國、台灣	英國、法國、澳大利亞	德國、巴西、愛沙尼亞、丹麥、南非、美國各州、日本等

小 ◄──────────── 重視隱私 ────────────► 大

防止疫情擴大 ◄──────────── 目的 ────────────► 提醒民眾

我們能做的事

讀者們與AI的關係應該有千千百百種，或許也存在堅持「我才不用AI」的人。
然而，包含AI在內的各種資訊科技早已融入日常生活很多我們看不見的地方。
而身為一名使用者、一個公民，每個人都應該參與討論，面對AI帶來的課題。

對AI的道德原則形成共識

在AI帶來的各種難題中，最需要重視的是價值觀的討論，而世界各國的產、學、官、民各界，都已經有來自各領域的人們在進行議論。儘管不同的人對不同價值的重視程度和表現方法存在差異，但已逐漸形成整體的共識。

下面的列表是美國哈佛大學研究機構比較世界各國公開的報告後，統整出來的共同關鍵字。相關項目在本書各章都有提及。

- 國際人權（☞5-6）
- 促進人類的價值（☞5-4、5-5）
- 專家責任（☞6-8）
- 技術的人類管理（☞6-7）
- 公平性和反歧視（☞4-3至4-5）
- 透明性和可說明性（☞3-3、6-8）
- 安全性和保護性（☞4-9）
- 問責性（☞6-8）
- 隱私（☞4-8）

每個人都是AI治理的參與者

第1章我們介紹了各種價值的交換性，以及因國家和地區差異而形成的不同AI開發理念和神經網路分類（☞1-3、1-4）。而在AI治理（☞6-6）的章節，我們介紹了AI開發者、企業、終端消費者、政府各自扮演的角色和責任，以及資料共享的重要性。

在AI研發技術民主化，AI技術被引進各種不同場域的現代，所有人都是AI治理的當事人。就讓我們與國內外的相關者一同合作，思考看看有哪些事是我們能做的吧！

■ 身為社會一分子能做的事

AI及其相關技術已在不知不覺間成為我們日常生活的根基。同時，人類本身也在逐漸半機械化（☞5-8）。所以，首先認識AI有什麼樣的特徵、會產生哪些問題非常重要。

如同我們在吃飯時會關心自己吃進什麼東西，認識AI的第一步就是去關心AI使用了哪些資料和演算法，又是為了什麼目的而

使用的。

■ 建立社會的反饋機制

我們不需要去熟悉那些難以理解的技術細節。假如你對一項產品感到不放心，請試著去詢問身邊了解的人或製造商。

AI系統並非一開始就是完美的狀態。同時，假如消費者、使用者等社會使用方都沒有提出要求，開發者也就不會產生動機（incentive），去維護公平性和透明性、開發低能耗和環境友善的技術等，需要額外投入成本的行動。

唯有使用者提出疑問，讓開發者和服務提供者看到不同的觀點，才能創造更好的技術、制度，以及社會。

這個道理同樣適用於打造永續性的科技和社會。AI的開發工作必須持續更新，永遠都是Beta版（☞6-6），以敏捷的精神在開發（☞7-1）。而從隱私和安全性的角度來看，由社會主動要求服務提供者進行妥善的治理也很重要。

■ 讓社會制度成為助力

在向開發者和服務提供者丟出疑問的同時，讓社會制度成為我們的夥伴也很重要。現代人每天都會產生資料。在某些情況下，我們要使用一個AI系統，就必須提供自己的資料作為交換。

人們已開始提倡資料可攜權（☞6-4）和刪除權（☞4-8、5-3）等，與數位資料有關的新權利。自己的資訊和資料要自己保護的資安意識和素養也愈形重要。

■ 從開發的上游就要與各方人士討論

AI開發者或提供AI服務的企業，以及參與制度設計的政策制定者和專家們，也都跟我們一樣是社會的一分子。

隨著AI開發民主化，個人開發App的門檻逐漸降低。

在開發和研究AI時，不是先想這項技術可以做到什麼，而要先思考「社會想實現的價值是什麼？」、「那是非得AI才能做到的嗎？」（向後預測，Backcasting），以風險為導向，提前找出可能的問題十分重要（☞專欄：風險鏈模型）。

必須在討論時重視多元性和包容性，營造大家可以沒有顧慮、暢所欲言的情境（☞7-2）。從AI開發的上游就開始思考問題並不一定會導致開發工作停滯，相反地，限制和擔憂可以創造新的研究和價值。

風險鏈模型（Risk Chain Model）

　　儘管大家都同意AI系統和服務的透明性很重要（☞6-8），但具體究竟該怎麼做才好呢？世界各國制定了各種AI的原則、指引和檢查表。而此處要介紹其中一個實踐該原則的方法，也就是東京大學研究團隊開發的風險鏈模型（RCModel）。

①認識 RCModel 的目的和範圍

　　所謂的RCModel，是一種用來識別營運中的AI產品或服務的風險，並由相關者一同思考能否將該風險降至最低，然後對第三者說明的工具。

　　除了企業內的開發者、法務人員、監察人員之外，讓發包方和使用者也一起參與思考有助於找出被忽略的風險。

②認識 RCModel 的結構

　　RCModel由（1）AI模型（精確度和穩健性等）或AI系統（資料的質和量、與其他系統的協作）等技術、（2）服務提供者（公平性和隱私保護等）、（3）使用者或消費者（責任、使用素養等）這3層結構組成。

③檢討該服務欲實現的價值或目的

　　要思考特定產品或服務的風險，首先要搜集資訊。接著檢討這項服務欲實現何種「價值和目的」，譬如「提升生產力」、「減輕勞動負擔」等等。與AI有關的問題大多是「價值」交換的相關討論（☞1-2）。識別應以何種價值為優先、目的是什麼，對於思考風險來說也很重要。

［搜集的資訊範例］
- AI服務的使用目的
- 系統的概念圖
- 使用的演算法或資料
- 開發者和使用者的職責分配
- 開發方法或學習頻率

④檢討風險情境

　　然後是根據欲實現的價值或目的，檢討會阻礙該價值或目的實現的可能情況。譬如，若系統存在精確度或穩健性的問題，就難以期待提高生產力。AI的使用方式不恰當，反而會增加勞動負擔。根據既有的案例和第一線經驗，與相關人士共同檢討諸如此類的情境，為每種情境標上優先程度。

⑤畫出每個情境的風險鏈

　　接著依序思考每個情境的風險可能在RCModel的哪一層顯現，用線（chain）連起來。這條線不一定只能是單向的，也不一定只有一條，線的起點也會因要處理

的風險和問題不同而改變。

的風險。

⑥檢討每種情境的控制方法

　　要降低所有畫線項目的風險，從性價比角度來看並不實際。之所以用線連起來，就是代表只要能解決同一條鏈上任何一處，就能降低風險發生的可能性。這就是RCModel的概念。

　　相關者需討論要對哪一層採取行動（控制），並思考模型和系統開發者、服務提供者、使用者各層應採取的對策與責任範圍。

　　多數AI系統的風險鏈都是橫跨多層的。因此，除了開發者之外，服務的提供者和使用者也必須共同思考如何應對AI

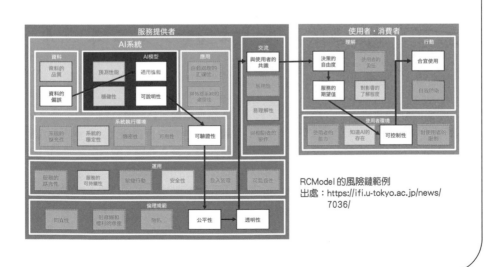

RCModel 的風險鏈範例
出處：https://ifi.u-tokyo.ac.jp/news/
　　　7036/

結 語

技術評論社的佐藤小姐第一次邀請我「能不能寫一本圖鑑」，還是2019年的秋天，當時全球尚未因COVID-19發生巨變。本書許多地方都加入與COVID-19有關的項目。儘管在COVID-19前後，人類的生活和工作型態發生了巨大轉變，但圍繞AI的社會問題本質卻毫無變化——這是我在本書完成後最深的感慨。

出版社最初向我提案時，信中寫道：「我們想做一本除了解說AI的原理外，更用插圖來讓讀者認識AI對社會的影響，以及對未來社會展望的書。雖然這本書會是實用導向，但希望讀者在讀過後會稍微改變看待這世界的方式。」希望讀完本書的讀者們，也能對本書有相同的印象。

話雖如此，這是我第一次嘗試製作以圖解和插畫為中心的書籍，因此過程中跌跌撞撞了不少次。在科學交流的領域，如何兼顧易理解性和正確性是一個存在已久的難題。究竟該把什麼放入「圖片和插畫」，又該放棄哪些東西，應該怎樣表達才能簡單易懂？結果，雖然本書中還是出現了整頁「都是字」的章節，仍有一些需要反省之處，但我已盡力將自己認為重要的項目全部凝縮、放進本書。由於涉及很多不同主題的論點，若本書有什麼問題或奇怪的地方，那全都是作者我的責任。

本書各處用了很多人類、社會，或是「我們」這些主詞。然而，身為作者的我所屬的社會和社群，以及我所看到的角度，跟其他國家、文化、職種、價值觀的人們看到的東西並不相同。將它們全部籠統地稱為「社會」，強硬地套上身為作者的我個人的觀點，或許太過粗暴了。

我很喜歡政治哲學家海耶克的一句話：「通往地獄的路，往往是由善意鋪成的」。儘管每個人都是站在自己的立場在追求理想的社會和幸福，但在這條路的終點或中途點的現在，卻可能只有其他人、甚至連自己也都不想要的結果。這句話真是一點也沒錯。

要想避免這種悲劇，一如本書再三提及的，唯有退一步重新審視自己所處的環境，側耳傾聽其他立場的人們的意見，並擁有改變既定計畫的勇氣。

假如在閱讀本書的過程中，你發現了任何「覺得這裡說得不對」的地方，那麼我希望它們能成為你展開新對話的契機。儘管我們（結果還是用了這個詞）每個人能看到的範圍、能做到的事情很有限，但仍舊能從對話和合作中產生力量。

本書也是在許多人們的幫助下才能順利問世。限於篇幅的關係，我無法在此列出所有人的名字，但還是要特別感謝城山英明先生、國吉康夫先生、佐倉統先生、宍戶常壽先生、渡部俊也先生、中川裕志先生、松本敬史先生、工藤郁子小姐、長倉克枝先生、藤田卓仙先生、人工智慧學會倫理委員會委員們、在人工智慧學會的 AI 創作物活動上提供協助的 AI 美空雲雀與 TEZUKA2020 計畫的諸位人員，以及日本深度學習學會的相關人士們。與上述各位的對話給了我很大的刺激。

本書的內容包含了JSI-RISTEX JPMJRX16H2「協助發現多元價值的系統及其研究體制的建構（多様な価値への気づきを支援するシステムとその研究体制の構築）」（代表：江間有沙）、豐田財團研究助成計畫「人工智慧的倫理、治理相關之平台建立（人工知能の倫理・ガバナンスに関するプラットフォーム形成）」（代表：江間有沙）、SECOM科學技術振興財團「ELSI概念的再建構（ELSI概念の再構築）」（代表：見上公一）、JSPS科研費基礎研究（A）18H03620「新資訊技術、生物科技的國際性治理－資訊分享、民間主體的職責（新たな情報技術・バイオテクノロジーの国際的ガバナンス－情報共有・民間主体の役割）」（代表：城山英明）的部分研究成果。

另外，若沒有技術評論社佐藤民子小姐的一路陪伴，本書就不會有今天的完成度。同時，也要感謝插畫師さかがわ成美小姐，將我拙劣的塗鴉畫成這麼可愛有趣的角色。由於我的拖稿，給設計師和眾多工作人員們添了多到一言難盡、非常多非常多的麻煩。我自己也非常期待能把這本色彩繽紛的書實際拿在手裡的那天。

最後，感謝總是在我身邊陪伴和支持我的家人。

2021年4月　　江間有沙

非常感謝您的閱讀！

可加深對AI與社會認識的參考書目

若想對本書介紹的眾多主題有更多的理解，可參閱此處的參考書目。
由於坊間已有很多AI技術相關的科普讀物，
本書只挑選可幫助讀者思考AI與社會、過去、現在、未來的書目。
礙於篇幅，書目的挑選乃基於作者本人的獨斷和偏見。
其中也包括與AI完全無關的書，但因AI與社會會互相影響，
所以認識社會也非常重要。

　　首先，希望從更多不同觀點對AI的技術原理和未來展望有更詳細認識的讀者，推薦閱讀梅拉妮·米歇爾的《Artificial Intelligence: A Guide for Thinking Humans》（2019）。這部著作幾乎涵蓋了AI的過去、現在與未來的全部知識。而關於本書也討論很多次的AI創造性的未來發展，則推薦閱讀松原仁的《AIに心は宿るのか（AI有心靈嗎？）》（集英社，2018）。書中還收錄了與羽生善治先生的對談。

　　AI引發的各種問題中，以法律為焦點的書籍，則推薦宍戶常壽等人編著的《AIと社会と法（AI、社會與法律）》（有斐閣，2020）。書中以對談的形式，討論了網路安全和假資訊等具體的問題。其他還有介紹了各種法律觀點的、彌永真生和宍戶常壽編著的《ロボット·AIと法（機器人、AI與法律）》（有斐閣，2018），可以配合第一本一起閱讀。

　　至於倫理學的觀點部分，可從久木田水生、神崎宣次、佐佐木拓的《ロボットからの倫理学入門（從機器人看倫理學入門）》（名古屋大學出版會，2018）入手。而想有更多認識的讀者則可閱讀溫德爾·瓦拉赫和科林·艾倫的《Moral machines: teaching robots right from wrong. 》（2009）和Mark Coeckelbergh的《AI Ethics》（2020），這兩本書會為你解答現代倫理學和社會學的議題。

　　而在人類邁向半機械化的潮流中，想思考心靈和人類究竟是什麼的人，相信安迪·克拉克的《Natural-Born Cyborgs: Minds, Technologies, and the Future of Human Intelligence》（2004）會為你提供提示。另外，岡田美智男的《〈弱いロボット〉の思考（思考弱機器人）》（講談社，2017），正如5-2的介紹，是一本探討了機器與人類關係的書。

　　在AI逐漸投入社會的環境中，山本龍彥的《おそろしいビッグデータ（可怕的大數據）》（朝日新聞出版，2017）、凱西·歐尼爾的『大數據的傲慢與偏見：一個「圈內數學家」對演算法霸權的警告與揭發》（大寫出版，2017，原著2016）則為AI破壞既有社會結構的問題敲響警鐘。而要了解對抗這些問題的方法，就不能不讀凱文·米特尼克和Robert Vamosi的《The Art of Invisibility: The World's Most Famous Hacker Teaches You How to Be Safe in the Age of Big Brother and Big》（2017）。另一方面，梶谷懷、高口康太的《幸福な監視国家·中国（幸福的監控大國：中國）》（NHK出版，2019）則透過中國這個巨大AI國家，揭露了監控技術普及帶來的新社會面貌。在COVID-19爆發後，我們的社會已多次面對安全和監控的價值兩難。在AI社會，我們不得不重新思考民主和個人權利等基本概念。

關於引進新技術帶來的工作型態改變，可閱讀 Jerry Kaplan 的《Humans Need Not Apply: A Guide to Wealth and Work in the Age of Artificial Intelligence》（2015）。另一方面，儘管成書年代比較早，但 Ruth Schwartz Cowan 的《More Work for Mother》（1983）中如同 6-2 所介紹的，從歷史的脈絡分析了洗衣家電為傳統洗衣服的家事帶來的改變，即使現代讀來也依然富有參考價值。

AI 的問題根植於社會問題。Walter Scheidel 的《The Great Leveler: Violence and the History of Inequality from the Stone Age to the Twenty-First Century》（2017）、Deborah Hellman 的《When Is Discrimination Wrong?》（2011）這兩本雖然不是 AI 的書，但可幫助你思考不平等和歧視的存在。

另外，市面上也有很多與 AI 相關的事件和課題的親身經歷分享。其中尤以介紹 4-6 中也有提到的案例：一家公司的內部因素如何在美國總統大選時引發社會分裂的克里斯多福・懷利的《Mindf*ck 心智操控【劍橋分析技術大公開】：揭祕「大數據 AI 心理戰」如何結合時尚傳播、軍事戰略，深入你的網絡神經，操控你的政治判斷與消費行為！》（野人，2020，原著 2019），以及 James Bloodworth 潛入 Amazon 和 Uber 公司後寫出的傳記《Hired: Six Months Undercover in Low-Wage Britain》（2018），不禁讓人感慨現實比小說更加離奇。

而嘗試去解決這類問題，但同時也讓問題變得更加複雜的，便是平台營運公司。艾美・韋伯的《AI 未來賽局：中美競合框架下，科技 9 巨頭建構的未來》（八旗文化，2020，原著 2019）和史考特・蓋洛威的《四騎士主宰的未來：解析地表最強四巨頭 Amazon、Apple、Facebook、Google 的兆演算法，你不可不知道的生存策略與關鍵能力》（天下雜誌，2018，原著 2017）讓我們意識到我們每天使用的服務，正逐漸成為一種不可缺少的基礎建設。

最後，假如你對作者的其他著作有興趣的話，在江間有沙的《AI社会の歩き方（邁向 AI 社會的道路）》（化學同人，2019）中介紹了圍繞 AI 的各種論點，以及透過對話連接各方利害相關者的實踐方式。而在由日本科學協會編寫的《科学と倫理（科學與倫理）》（中央公論新社，2021）中，作者也用了一章的篇幅探討 AI 故人的議題。其他還有許多與他人合著的作品，讀者們可用作者姓名檢索，或上作者的個人網站（https://arisaema0.wordpress.com/）查詢。而對作者的專長領域科學技術社會論有興趣的讀者，則推薦去看藤垣裕子等人編著的《科学技術社会論の挑戦（科學技術社會論的挑戰）（全 3 卷）》（東京大學出版會，2020）。

雖然還有很多不及備載的部分，但因篇幅有限故到此為止。由上述書單可見，近年國內外皆出版了很多與 AI 和社會有關的讀物。最棒的是，外文書翻譯成日文書的速度比起其他語言相對較快。不過，其中大多是歐美，以及少部分是中國的書。光看日文不容易取得英文和中文以外的資訊，但在思考 AI 與社會的過程中，相信來自非洲、中東、南美、東南亞等國家的資訊也將愈來愈充實。

參考網站

最新的資訊可以在網路上取得。
教材的部分也有很多國內外的MOOC（Massive Open Online Course：大規模開放線上課程）可以免費觀看。
在網路上搜尋「MOOC 機器學習」，可找到國內外頂尖研究者的影片。
關於AI倫理的部分，儘管只有英文，
但芬蘭赫爾辛基大學也有「Ethic of AI」的MOOC網站（https://ethics-of-ai.mooc.fi/）。

AI治理的相關網站

6-1的醫用AI類型分類，以及7-4的風險鏈模型概要，已於東京大學未來願景研究中心的官網
（https://ifi.u-tokyo.ac.jp/projects/ai-governance/）公開。另外，在日本深度學習協會的官網
上，也有公開6-6的監管和保險、標準化等AI外部環境相關的研討會報告（https://www.jdla.org/
about/studygroup/）。

第3章參考的研究

如在3-8介紹的，AI相關研究論文大多都是公開的，任何人都可上去查閱。
其中最有名的是arXiv（讀做archive）（https://arxiv.org/）。
本書在第3章介紹的幾篇論文全都能在arXiv的官網上閱覽。

＊1　Robert Geirhos, et al., ImageNet-trained CNNs are biased towards texture; increasing shape bias improves accuracy and robustness, https://arxiv.org/abs/1811.12231

＊2　Ian J. Goodfellow, et al., Explaining and Harnessing Adversarial Examples, https://arxiv.org/abs/1412.6572

＊3　Tianyu Gu, et al., BadNets: Identifying Vulnerabilities in the Machine Learning Model Supply Chain, https://arxiv.org/abs/1708.06733

＊4　Simen Thys, et al., Fooling automated surveillance cameras: adversarial patches to attack person detection, https://arxiv.org/abs/1904.08653

＊5　Zuxuan Wu, et al., Making an Invisibility Cloak: Real World Adversarial Attacks on Object Detectors, https://arxiv.org/abs/1910.14667

＊6　Grigory Antipov, Face Aging With Conditional Generative Adversarial Networks, https://arxiv.org/abs/1702.01983

＊7　 Han Zhang, et al., StackGAN: Text to Photo-realistic Image Synthesis with Stacked Generative Adversarial Networks, https://arxiv.org/abs/1612.03242

＊8　Jun-Yan Zhu, et al., Unpaired Image-to-Image Translation using Cycle-Consistent Adversarial Networks, https://arxiv.org/abs/1703.10593

索 引 （依首字筆畫順序排列）

■ 作者簡介

江間有沙（Ema Arisa）

東京大學未來願景研究中心副教授。自2017起擔任日本國立研究開發法人理化
學研究所革新至能統合研究中心客座研究員，2021年起擔任日本國立研究開發
法人產業技術綜合研究所情報‧人體工學領域研究支援顧問。人工智慧學會倫理
委員會委員。日本深度學習協會理事。2012年東京大學大學院綜合文化研究科
博士課程畢業之博士（學術）。主修科學技術社會論（STS）。主要著作有《AI社
會の歩き方》（暫譯：邁向AI社會的道路，化學同人，2019）。

■ 內頁設計／
加藤愛子（office kinton）

■ 插畫／
さかがわ成美

■ 製圖／
安藤しげみ

E TO ZU DE WAKARU AI TO SHAKAI : mirai wo hiraku
gijutsu tono kakawarikata by Arisa Ema
Copyright © 2021 Arisa Ema
All rights reserved.
Original Japanese edition published by Gijutsu-Hyoron Co., Ltd., Tokyo

This Complex Chinese edition published by arrangement with
Gijutsu-Hyoron Co., Ltd., Tokyo in care of Tuttle-Mori Agency, Inc., Tokyo.

┃超圖解 ＡＩ與未來社會
建立數位時代的科技素養，強化邏輯力 × 創造力 × 思考力

2022年3月1日初版第一刷發行

作　　者	江間有沙	
譯　　者	陳識中	
編　　輯	陳映潔、吳元晴	
發 行 人	南部裕	
發 行 所	台灣東販股份有限公司	

　　　　　　＜地址＞台北市南京東路4段130號2F-1
　　　　　　＜電話＞(02)2577-8878
　　　　　　＜傳真＞(02)2577-8896
　　　　　　＜網址＞http://www.tohan.com.tw
郵撥帳號　　1405049-4
法律顧問　　蕭雄淋律師
總 經 銷　　聯合發行股份有限公司
　　　　　　＜電話＞(02)2917-8022

TOHAN

國家圖書館出版品預行編目（CIP）資料

超圖解 ＡＩ與未來社會：建立數位時代的科技
素養，強化邏輯力×創造力×思考力/江間
有沙著;陳識中譯. -- 初版. -- 臺北市:臺灣東販,
2022.03
192面; 16.9×19.5公分
ISBN 978-626-329-101-0（平裝）

1.CST: 資訊社會 2.CST: 人工智慧

541.415　　　　　　　　　　　　110022475